Jens Steudel

Der Businessplan als Instrument zur Kapitalbeschaffung

Die wesentlichen Bestandteile eines Businessplanes

Bachelor + Master
Publishing

Steudel, Jens: Der Businessplan als Instrument zur Kapitalbeschaffung. Die
wesentlichen Bestandteile eines Businessplanes, Hamburg, Diplomica Verlag GmbH
2012
Originaltitel der Abschlussarbeit: Der Businessplan als Instrument zur
Kapitalbeschaffung

ISBN: 978-3-86341-309-5
Druck: Bachelor + Master Publishing, ein Imprint der Diplomica® Verlag GmbH,
Hamburg, 2012
Zugl. FOM - Fachhochschule für Oekonomie und Management Essen, Essen,
Deutschland, Bachelorarbeit, September 2011

Bibliografische Information der Deutschen Nationalbibliothek:
Die Deutsche Nationalbibliothek verzeichnet diese Publikation in der Deutschen
Nationalbibliografie; detaillierte bibliografische Daten sind im Internet über
http://dnb.d-nb.de abrufbar.

Die digitale Ausgabe (eBook-Ausgabe) dieses Titels trägt die ISBN 978-3-86341-809-0
und kann über den Handel oder den Verlag bezogen werden.

Dieses Werk ist urheberrechtlich geschützt. Die dadurch begründeten Rechte,
insbesondere die der Übersetzung, des Nachdrucks, des Vortrags, der Entnahme von
Abbildungen und Tabellen, der Funksendung, der Mikroverfilmung oder der
Vervielfältigung auf anderen Wegen und der Speicherung in Datenverarbeitungsanlagen,
bleiben, auch bei nur auszugsweiser Verwertung, vorbehalten. Eine Vervielfältigung
dieses Werkes oder von Teilen dieses Werkes ist auch im Einzelfall nur in den Grenzen
der gesetzlichen Bestimmungen des Urheberrechtsgesetzes der Bundesrepublik
Deutschland in der jeweils geltenden Fassung zulässig. Sie ist grundsätzlich
vergütungspflichtig. Zuwiderhandlungen unterliegen den Strafbestimmungen des
Urheberrechtes.

Die Wiedergabe von Gebrauchsnamen, Handelsnamen, Warenbezeichnungen usw. in
diesem Werk berechtigt auch ohne besondere Kennzeichnung nicht zu der Annahme,
dass solche Namen im Sinne der Warenzeichen- und Markenschutz-Gesetzgebung als frei
zu betrachten wären und daher von jedermann benutzt werden dürften.

Die Informationen in diesem Werk wurden mit Sorgfalt erarbeitet. Dennoch können
Fehler nicht vollständig ausgeschlossen werden, und die Diplomarbeiten Agentur, die
Autoren oder Übersetzer übernehmen keine juristische Verantwortung oder irgendeine
Haftung für evtl. verbliebene fehlerhafte Angaben und deren Folgen.

© Bachelor + Master Publishing, ein Imprint der Diplomica® Verlag GmbH
http://www.diplom.de, Hamburg 2012
Printed in Germany

Inhaltsverzeichnis

Abkürzungsverzeichnis I
Abbildungsverzeichnis II
1. Einleitung 1
2. Untersuchung der Existenzgründungsschwierigkeiten 2
3. Finanzierung von Unternehmensgründungen 4
    3.1 Eigenkapital 4
        3.1.1 Family & Friends 5
        3.1.2 Venture Capital-Gesellschaften 6
    3.2 Fremdkapital 7
        3.2.1 Banken 8
        3.2.2 Staatliche Fördermittel 9
4. Inhalte des Businessplans vor dem Hintergrund der Kapitalbeschaffung 11
    4.1 Executive Summary 11
    4.2 Unternehmenskonzept 13
    4.3 Produkt bzw. Dienstleistung 17
    4.4 Markt und Marktwettbewerb 21
    4.5 Marketing und Vertrieb 25
    4.6 Management und Organisation 32
    4.7 Chancen und Risiken 36
    4.8 Finanzplanung – Das Zahlenwerk des Businessplans 39
    4.9 Anhang 51
5. Schlusswort 52
Literaturverzeichnis 54
Anhang 60

Abkürzungsverzeichnis

Abb.	Abbildung
AG	Aktiengesellschaft
Aufl.	Auflage
BCG	Boston Consulting Group
bzw.	beziehungsweise
ERP	European Recovery Program
etc.	et cetera
EU	Europäische Union
evtl.	eventuell
f.	folgende
ff.	fort folgende
ggf.	gegebenenfalls
GbR	Gesellschaft bürgerlichen Rechts
GmbH	Gesellschaft mit beschränkter Haftung
GuV	Gewinn- und Verlustrechnung
HGB	Handelsgesetzbuch
Hrsg.	Herausgeber
inkl.	inklusive
KfW	Kreditanstalt für Wiederaufbau
KG	Kommanditgesellschaft
OHG	Offene Handelsgesellschaft
S.	Seite
u. a.	und andere
vgl.	vergleiche
z. B.	zum Beispiel

Abbildungsverzeichnis

Abb. 1: Neugründungen in Deutschland unter Berücksichtigung der Rechtsform .. 17
Abb. 2: Einzelne Produktebenen 18
Abb. 3: Boston Consulting Group Matrix 19
Abb. 4: Möglichkeiten der Absatzwege 28
Abb. 5: Einfluss des Marketing Mixes 32
Abb. 6: Szenarien- Darstellung 38
Abb. 7: Vereinfachte Darstellung einer GuV 46
Abb. 8: Vereinfachte Darstellung einer Planbilanz 47

1. Einleitung

Selbständigkeit, der Traum vieler Menschen! Eine eigene Firma, ein eigenes Unternehmen gründen, viel Geld verdienen und erfolgreich sein. Das ist etwas, was sich viele wünschen. Doch der Schritt in die Selbständigkeit sollte gut überdacht und sorgfältig vorbereitet sein, auch wenn die deutsche Wirtschaft und deren Arbeitsmarkt von einer Unternehmensgründung profitiert. Laut KfW-Gründungsmonitor 2010 können sich nur rund 75% der Existenzgründer am Markt behaupten und scheitern nicht in den ersten drei Jahren.[1] Eine gründliche Überlegung, genaue Analyse und solide Planung der Geschäftsidee sind somit unverzichtbar.

Bereits beim benötigten Eigenkapital wird der Weg für viele Unternehmensgründer schwierig, da der Finanzierungsbedarf häufig die eigenen Mittel übersteigt. Somit müssen Fremdkapital- oder Eigenkapitalgeber die Gründungsfinanzierung unterstützen. Diese Kapitalgeber zu überzeugen, in das geplante Vorhaben zu investieren, ist oftmals nicht leicht. Bei jeder Unternehmensgründung tragen die Kapitalgeber das Risiko, ihr Geld aufgrund der Betriebsblindheit, welche aus Vorfreude und Begeisterung des Unternehmensgründers resultieren kann, zu verlieren. Um die Kapitalgeber davon zu überzeugen, in das eigene Projekt zu investieren oder mit Zuschüssen zu unterstützen, benötigt man ein gut durchdachtes und strukturiertes Konzept - den Businessplan.

Mit Hilfe des Businessplans stellt der Unternehmensgründer bereits bei der Anfertigung selbst fest, ob seine Idee in der praktischen Anwendung umsetzbar ist oder nicht. Der Businessplan ist eine schriftliche, detaillierte Analyse des Unternehmenskonzeptes und dient als Visitenkarte des Unternehmens. Doch worauf ist bei der Erstellung eines Businessplans zu achten? Was macht einen professionellen Businessplan aus und aus welchen Elementen muss er bestehen? Diese Arbeit soll aufzeigen, worauf man bei der Ausarbeitung eines Businessplans achten sollte, um eine gute Visitenkarte zu erhalten und somit Investoren für die benötigten Finanzierungen gewinnen zu können.

---

[1] Vgl. Kohn, Ullrich, Spengler (2010), S. 57 f.

2. Untersuchung der Existenzgründungsschwierigkeiten

Im Rahmen einer Existenzgründung gibt es viele Dinge, die beachtet werden müssen. Darüber hinaus können diverse Faktoren das Scheitern einer Existenzgründung herbeiführen. Die Auslöser können vielfältig sein.

Aus der Studie „Ursachen für das Scheitern junger Unternehmen in den ersten fünf Jahren ihres Bestehens", die im Auftrag des Bundesministeriums für Wirtschaft und Technologie im März 2010 erfasst wurde, geht hervor, dass es "den einen Grund" für das Scheitern nicht gibt. In vielen Fällen spielen mehrere Faktoren, die zur Auflösung eines Unternehmens geführt haben, eine Rolle. Dennoch können drei Hauptgründe der Häufigkeit nach aufgeführt werden:[2]

- Schwierigkeiten im Bereich der Startfinanzierung und generelle Finanzierungsprobleme,
- plötzlich auftretende exogene Ereignisse,
- Mangel an unternehmerischen Fähigkeiten.

Der größte Schwachpunkt bei einer Existenzgründung liegt somit im Bereich der Finanzen. Zu finanziellen Schwierigkeiten führen oftmals folgende Punkte:[3]

- nicht genügend Eigenkapital,
- keine bzw. Fehlplanung des eigenen Kapitalbedarfs,
- mangelnde Finanzkontrolle,
- Gespräche mit der Hausbank werden zu spät geführt,
- fehlerhafte Liquiditätsplanungen,
- Investitionen werden über teure Kontokorrentkredite finanziert,
- keine oder zu späte Beantragung von günstigen Fördermitteln,
- zum späteren Zeitpunkt einsetzende Tilgungsraten werden vergessen.

Somit ist die Planung und die Finanzierung des benötigten Kapitals der wichtigste Schritt im Bereich der Existenzgründung. Da die Existenzgründung von Anfang an

---

[2] Vgl. Egeln u. a. (2010), S. 79 f.
[3] Vgl. Hofert (2007), S. 258.; Lippert (2006b), S. 23.

hohe Kosten mit sich bringt, ist oftmals eine finanzielle Unterstützung von Dritten nötig. Laufende Kosten müssen bekannt sein, Erträge müssen kalkuliert werden können. Ohne kaufmännisches Wissen und einer exakten Planung hat eine Existenzgründung wenig Aussicht auf Erfolg.[4] Mag das geplante Unternehmen noch so klein sein, dürfen die Gründungskosten nicht unterschätzt werden. Beispielsweise fallen bei kleinen Gründungsunternehmen die Kosten im Bereich der Dienstleistungen für evtl. Büroausstattungen, Arbeitsmaterialen, Strom etc. geringer aus als bei einem Unternehmen im Produktionsbereich. Hier verlagern sich aber die Investitionen in den Bereich der Anlagen, Maschinen und großen Gewerbehallen etc. Dennoch muss mit Aufwendungen für die Ausstellung eines Gewerbescheins, Beratungskosten sowie evtl. Kosten für Notar und Handelsregistereintragungen gerechnet werden.[5]

Unvorhersehbare, plötzlich auftretende Ereignisse, die zweithäufigste Ursache für das Misslingen einer Existenzgründung, können nicht vermieden werden. Ihnen kann aber vorgebeugt werden. Forderungsausfälle, die auf die sinkende Zahlungsmoral innerhalb Deutschlands zurückzuführen sind, Umsatzrückgänge, Kostensteigerungen sowie die allgemeine Entwicklung der Märkte können dazu führen, dass ein Unternehmen Liquiditätsprobleme erleidet.[6]

Erfolg oder Misserfolg hängt auch von unternehmerischen Fähigkeiten ab. Defizite beim fachlichen und kaufmännischen Wissen, Fehlentscheidungen bei strategischen Planungen, mangelnde organisatorische Kenntnisse und unrealistische Kalkulationen führen als dritthäufigste Ursache zum Fehlschlag einer Existenzgründung.[7]

„Der Schlüssel zum Erfolg liegt einzig und allein in der sorgfältigen Vorbereitung".[8] Um die Gründungsproblematiken auszuräumen und eine Überprüfung der eigenen Fähigkeiten vorzunehmen, hilft vor der Existenzgründung die Anfertigung eines Businessplans. Die Erstellung ist zwingend notwendig, wenn die Beantragung von zusätzlichem Kapital angestrebt wird.

---

[4] Vgl. Bleiber (2011), S. 99.
[5] Vgl. Janson (2008), S. 45.
[6] Vgl. Horn, Opoczynski (2009), S. 141 f.
[7] Vgl. Lippert (2006b), S. 23.
[8] Schwetje, Vaseghi (2006), S. 161.

3. Finanzierung von Unternehmensgründungen

3.1 Eigenkapital

Wie in Kapitel 2 dargestellt, ist oftmals die Finanzierung das größte Problem der Unternehmensgründer. Daher ist eine solide Finanzierungsplanung die Basis für eine erfolgreiche Unternehmensgründung und Unternehmensfortführung. Voraussetzung für eine genaue Planung ist eine konkrete Ermittlung des Kapitalbedarfs, die im Finanzplan des Businessplans noch genauer erläutert wird. Hierauf wird im Kapitel 4.8 eingegangen.

Die Finanzierung einer Existenzgründung kann über Eigenkapital oder Fremdkapital erfolgen.[9] Bei einer Existenzgründung sollte Eigenkapital in Höhe von mindestens 20% des Gesamtkapitals mit eingebracht werden können. Zum Eigenkapital gehören das zur Verfügung stehende Privatvermögen sowie die evtl. bereits vorhandenen materiellen Gegenstände wie Maschinen, Fahrzeuge und Anlagen.[10] Eigenkapital kann auch von privaten Personen zur Verfügung gestellt werden, die sich je nach geplanter Rechtsform der Unternehmung am eingezahlten Stammkapital, wie bei einer GmbH oder in Form von Anteilen, wie bei einer AG am Unternehmen beteiligen. Es ist sinnvoll, branchenerfahrene Personen für die Beteiligung auszuwählen. Denn mit der Einbringung von Kapital erhalten die Kapitalgeber Mitspracherechte und werden somit bei anstehenden Entscheidungen im Unternehmen mit herangezogen.[11]

Ein hoher Anteil an Eigenkapital bringt weitere Vorteile mit sich. Es zeigt den möglichen Fremdkapitalgebern, dass der Existenzgründer von der Geschäftsidee überzeugt ist und mit seinem Kapital dahintersteht, was eine erhöhte Motivation am Bestehen des Unternehmens vermuten lässt. Des Weiteren eröffnet ein hoher Eigenkapitalanteil Handlungsspielräume mit weiteren Fremdkapitalgebern wie z. B. Banken, da diese oftmals vorhandenes Eigenkapital als Grundvoraussetzung für eine Kreditgewährung ansehen und die Zinskonditionen durch einen höheren Eigenkapitalanteil günstiger ausfallen. Vorhandenes Eigenkapital bringt keine Kosten mit sich. Es bietet zudem eine hohe Flexibilität, um unvorhersehbare

---
[9] Vgl. Plümer (2006), S. 101.
[10] Vgl. Horn, Opoczynski (2009), S. 168.
[11] Vgl. Beinert, Henne, Reichling (2005), S. 13.

Kosten regulieren zu können. Dies bringt die Sicherheit, evtl. auftretende Verluste abfangen zu können, um nicht gleich in finanzielle und existenzielle Schwierigkeiten zu geraten. Eine Unabhängigkeit gegenüber Dritten wird erreicht.[12]

Sind die eigenen Ersparnisse nicht ausreichend, so gibt es Möglichkeiten, über diverse Kapitalgeber an Eigenkapital zu gelangen. Hierauf soll im nachfolgenden Kapitel konkret eingegangen werden.

3.1.1 Family & Friends

Wird für die Unternehmensgründung nur wenig Kapital benötigt, so ist es empfehlenswert nicht auf staatliche Mittel, Kredite oder Venture Capital zurückzugreifen, sondern im direkten Umfeld nach privaten Investoren zu suchen. Die Bereitschaft von Familienmitgliedern und Freunden, kleine Darlehen bis zu 5.000,- EURO zur Verfügung zu stellen, wird oftmals unterschätzt. Diese Möglichkeit kann günstiger sein, als Bankkredite, Fördermittel oder Mittel von weiteren Eigenkapitalgebern in Anspruch zu nehmen.[13]

Stellt man Familienmitgliedern, Freunden und Bekannten die Geschäftsidee vor, sind sie, wie auch der Unternehmensgründer, von der Idee überzeugt und besteht Vertrauen untereinander, so sind viele bereit mit einem kleinen Darlehen auszuhelfen. Diese Möglichkeit der Eigenkapitalbeschaffung sollte für Unternehmensgründer die erste Überlegung darstellen, sofern für die Kapitalgeber ein erkennbar geringes Risiko besteht. Dennoch empfiehlt es sich auch im Familien- und Bekanntenkreis das Prozedere vertraglich zu fixieren, um so evtl. aufkomme Unstimmigkeiten zu vermeiden[14] und die Geldströme gegenüber dem Finanzamt belegen zu können.[15]

---

[12] Vgl. Bleiber (2008), S. 162.
[13] Vgl. Janson (2008), S. 53.
[14] Vgl. Klandt (2006), S. 68.
[15] Vgl. Janson (2008), S. 53.

3.1.2 Venture Capital-Gesellschaften

Für kleine und mittlere Existenzgründungen besteht die Möglichkeit, über Venture Capital-Gesellschaften an Eigenkapital zu gelangen. Die Beschaffung dieser Finanzmittel ist jedoch Branchenabhängig.[16] Der Begriff Venture Capital bedeutet Risiko- oder Wagniskapital. Hinter Venture Capital-Gesellschaften stehen meist viele vermögende Privatpersonen, die selbst über unternehmerische Fähigkeiten verfügen und sich durch die Bereitstellung ihres Kapitals hohe Renditen erhoffen. Für gewöhnlich erwarten sie eine Wertsteigerung von 25%. Sie beteiligen sich meist an Unternehmen mit einem hohen Wachstumspotenzial.[17]

Die Venture Capital-Geber verlangen keine Sicherheiten. Dafür erwerben sie Beteiligungen an dem Unternehmen und bringen sich mit ihrem Wissen und bereits vorhandenen, meist sehr signifikanten Kontakten in die Unternehmensführung mit ein. Der Anteil der Beteiligung bleibt jedoch immer unter 50%, sodass der Unternehmensgründer selbst weiterhin Mehrheitsanteilhaber bleibt. Die Investoren wählen Unternehmen aus den Branchen, in denen sie selbst auch tätig sind oder waren.[18] Die Beteiligungsfinanzierungen erfolgen nicht über Börsen oder am direkten Kapitalmarkt. Die Investoren stellen dem Unternehmen das Kapital direkt als Eigenkapital zur Verfügung. Die Geschäftsverbindungen zwischen Venture Capital-Gesellschaften und den jungen, innovativen Unternehmen bestehen in der Regel drei bis sieben Jahre. Anschließend verkaufen die Kapitalgeber ihre Anteile. Sofern es dem Unternehmenseigentümer möglich ist, kann dieser die Anteile erwerben, andernfalls kommen auch andere Unternehmen als Käufer in Betracht.[19] Als Voraussetzung für eine Finanzierung über Venture Capital fordern die Gesellschaften einen Businessplan an. Ohne diesen würden sie keine finanziellen Mittel bereitstellen. Die benötigten Informationen zur Bewertung und Beurteilung des Gründungsvorhabens erlangen sie aus dem Businessplan.[20]

---

[16] Vgl. Plümer (2006), S. 159.
[17] Vgl. Jantz (2003), S. 118 f.
[18] Vgl. Figgener, Grunow (2006), S. 238.
[19] Vgl. Janson (2008), S. 52 f.
[20] Vgl. Plümer (2006), S. 164.

3.2 Fremdkapital

Reicht das vorhandene Eigenkapital für eine Existenzgründung nicht aus und soll auch nicht auf finanzielle Mittel der Eigenkapitalgeber zurückgegriffen werden, besteht die Möglichkeit der Fremdkapitalbeschaffung.

Zum Fremdkapital gehören alle Mittel, die dem Unternehmen durch Dritte zur Verfügung gestellt werden.[21] Hierbei kann das Unternehmen auf verschiedene Fremdkapitalmittel zurückgreifen. Es besteht die Möglichkeit, Darlehen, die durch private oder öffentliche Banken herausgegeben werden, und Fördermittel zu nutzen. Die Laufzeiten des Fremdkapitals reichen von kurz- bis langfristig.[22] Fremdkapitalgeber achten besonders auf die Sicherstellung ihrer zur Verfügung gestellten Kredite. Nur wenn sie erkennen, dass die Tilgung und Zinszahlung gewährleistet ist, werden sie Mittel bereitstellen.[23]

Vorteilhaft am Fremdkapital ist, dass keine Änderungen an den Besitzverhältnissen vorgenommen werden. Die Fremdkapitalgeber haben keinen direkten Einfluss auf das Unternehmen. Sie erhalten lediglich eine zuvor abgestimmte Verzinsung und Rückzahlung ihrer Mittel. Durch die vereinbarte Zins- und Tilgungsleistung hat der Unternehmensgründer eine feste Größe, die er in seinem Liquiditätsplan berücksichtigen kann. Nachteilig ist allerdings, dass die Verträge zum Fremdkapital selten im Nachhinein verhandelbar sind, sodass die Zins- und Tilgungszahlungen auch bei schlechter Umsatzlage in unveränderter Höhe gezahlt werden müssen.[24] In den folgenden Kapiteln werden Banken und staatliche Institutionen als Fremdkapitalgeber erläutert. Diese stellen dem Unternehmensgründer in der Regel am häufigsten Mittel bereit.

---

[21] Vgl. Bleiber (2008), S. 167.
[22] Vgl. Arnold (2009), S. 115.
[23] Vgl. Plümer (2006), S. 162.
[24] Vgl. Figgener, Grunow (2006), S. 188 f.

3.2.1 Banken

Sparkassen, Genossenschafts- und private Banken stellen Unternehmensgründern finanzielle Mittel in Form von klassischen Krediten und Darlehen zur Verfügung. Als Gegenleistung erhalten sie Zinszahlungen. Banken verlangen Sicherheiten vom Existenzgründer, da sie keinen Einfluss auf die Unternehmensführung haben und im Falle einer drohenden Insolvenz ihr Geld nicht zurück erhalten würden.[25] Folgende Sicherheiten können herangezogen werden:[26]

- Abtretungen von Kapitalanlagen wie z. B. Wertpapiere, Geldanlagen oder Lebensversicherungen,
- Eintragungen von Hypotheken oder Grundschulden bei vorhandenen Grundstücken und Häusern,
- Sicherungsübereignungen von Autos oder Maschinen
- sowie private oder öffentliche Bürgschaften.

Kann der Unternehmensgründer die erforderlichen Sicherheiten beibringen, bieten Banken je nach benötigtem Zweck zwei Arten von Krediten an, den Kontokorrentkredit und den Investitionskredit.

Der Kontokorrentkredit dient zur kurzfristigen Liquiditätsversorgung im laufenden Geschäftsbetrieb und somit zur Sicherstellung der Zahlungsfähigkeit. Die Banken räumen dem Geschäftsgirokonto eine Kreditlinie ein, die der Unternehmensgründer dann flexibel in Anspruch nehmen kann. Der Zinssatz ist meist sehr hoch und variabel. Die Inanspruchnahme des Kontokorrentkredites kann jederzeit zurückgezahlt werden. Die Kreditlinie ist sofort kündbar. Zinsen werden nur für die jeweilige Inanspruchnahme berechnet.[27]

Für große Investitionen bieten Banken Kredite mit festgesetzten Zins- und Tilgungssätzen an. Die vereinbarte Laufzeit kann je nach Rückzahlungsmöglichkeit des Unternehmensgründers mittel- bis langfristig gewählt werden.[28]

---

[25] Vgl. Bleiber (2008), S. 167.
[26] Vgl. Janson (2008), S. 50 f.
[27] Vgl. Lippert (2006a), S. 69.
[28] Vgl. Carstensen (2004), S. 75 f.

Jede Bank führt im Rahmen einer Finanzierung ein sogenanntes Rating durch. Im Zuge dessen wird das Unternehmen auf seine Kreditwürdigkeit hin geprüft. Um alle Informationen über das Unternehmen zu erhalten, reicht ein einfaches Gespräch mit dem Gründer nicht aus. Die Banken benötigen einen detaillierten Businessplan, um so ein exaktes Rating auszuarbeiten.[29] Das Ergebnis der Kreditwürdigkeitsprüfung wirkt sich auf die zu zahlenden Zinsen aus. Je besser das Ergebnis, sprich die Bonität des Unternehmens, desto niedriger wird der Zinssatz ausfallen. Unternehmen mit einer schlechten Bonität müssen dagegen einen Zinsaufschlag für das höhere Risiko einer Zahlungsunfähigkeit bezahlen.[30]

3.2.2 Staatliche Fördermittel

Für fast alle Existenzgründer besteht die Möglichkeit, zinsgünstige Förderungen für das gesamte Gründungsvorhaben oder Teile davon vom Bund, von den Ländern oder der EU zu erhalten.[31] Die Förderprogramme sind vielfältig, zum Teil auch regional beschränkt und von Bundesland zu Bundesland verschieden. Im Gegensatz zu Darlehen von Banken müssen öffentliche Fördermittel nicht mit Sicherheiten hinterlegt werden. In der Regel sind diese auch zinsgünstiger als Darlehen der Hausbanken.[32] Die Hausbanken spielen dennoch eine große Rolle, denn über sie müssen die Förderprogramme beantragt werden. Eine Beantragung ist aber auch an Voraussetzungen gebunden.[33] So muss der Antragsteller z. B.:[34]

- eine Rentabilitätsvorschau für mindestens zwei Jahre,
- einen Investitions- und Liquiditätsplan,
- eine Übersicht der Vermögensverhältnisse,
- einen Lebenslauf sowie
- Nachweise für die betriebswirtschaftliche und fachliche Qualifikation

---

[29] Vgl. Plümer (2006), S. 162.
[30] Vgl. Klandt (2006), S. 72.
[31] Vgl. Carstensen (2004), S. 71.
[32] Vgl. Huber (2003), S. 138.
[33] Vgl. Horn, Opoczynski (2009), S. 169.
[34] Vgl. Bleiber (2011), S. 114 f.

vorlegen. Desweiteren muss beachtet werden, dass Anschaffung und Investitionen erst nach Beantragung vollzogen werden dürfen. Bereits getätigte Investitionen ebenso wie Nachfinanzierungen und Umschuldungsmaßnahmen sind nicht förderfähig.[35]

Die KfW-Bankengruppe stellt Existenzgründern eine große Auswahl an Fördermitteln der Bundesregierung zur Verfügung. Somit werden die KfW-Programme häufig von Gründern in Anspruch genommen.[36] Wegen ihrer Komplexität werden im Folgenden zwei der Gängigsten Fördermittel kurz vorgestellt.

KfW-Gründerkredit – StartGeld
Durch das StartGeld erhalten Existenzgründer bis zu 100% der Finanzierungskosten, maximal bis 100.000 Euro, zu einem günstigen Zinssatz von der KfW. Diese Förderung können auch Nebenerwerber in Anspruch nehmen, sofern der Nebenerwerb durch die Existenzgründung im späteren Verlauf zur Haupttätigkeit wird. Ein großer Vorteil liegt in der 80%igen Haftungsfreistellung der Hausbank. Dies ermöglicht dem Existenzgründer, bei Bedarf weitere Kredite über seine Bank zu beantragen.[37]

ERP-Kapital
Beim ERP-Kapital werden die Finanzierungskosten zu 100% in unbegrenzter Höhe und zu einem günstigen Zinssatz zur Verfügung gestellt. Aufgrund einer 100% Haftungsfreistellung der Bank kann auch bei diesem Förderprogramm, weiteres Fremdkapital über die Hausbank beantragt werden. Das ERP-Kapital wird deshalb als Nachrangdarlehen bezeichnet und erhält Eigenkapitalcharakter. Desweitern ermöglicht dieses Programm dem Existenzgründer bis zu sieben tilgungsfreie Jahre.[38]

---

[35] Vgl. Bleiber (2011), S. 114.
[36] Vgl. Janson (2008), S. 46.
[37] Vgl. kfw.de (2011a).
[38] Vgl. kfw.de (2011b).

4. Inhalte des Businessplans vor dem Hintergrund der Kapitalbeschaffung

Zum Aufbau und zu den Inhalten des Businessplans findet man in der Literatur zahlreiche Angaben. Den Standard-Businessplan-Aufbau gibt es nicht. Denn je nach Komplexität des geplanten Vorhabens können der Aufbau, beziehungsweise auch die Detailgenauigkeit variieren. Zudem existieren keine gesetzlichen Vorschriften darüber, wie ein Businessplan auszusehen hat und in welcher Reihenfolge die einzelnen Bausteine des Businessplans aufzuführen sind. Deshalb werden im Folgenden nur die Inhalte genannt, welche jeder Businessplan enthalten sollte.

4.1 Executive Summary

Jeder gut aufgebaute Businessplan beginnt mit der Executive Summary. Die Executive Summary, auch Zusammenfassung der Geschäftsidee genannt, ist das Herzstück des Businessplans und soll für einen schnellen Einstieg in die Thematik sorgen. Der Leser bekommt durch eine komprimierte, zwei bis vier Seiten umfassende Zusammenfassung des Businessplans den ersten Überblick über die Geschäftsidee. Da potentielle Kapitalgeber oftmals nicht die Zeit haben den kompletten Businessplan zu lesen, entscheiden sie aufgrund dieses ersten Eindruckes, ob es sich für sie um ein interessantes oder uninteressantes Geschäftsmodell handelt.[39]

Die Executive Summary muss durch eine kurze und prägnante Darstellung das Interesse und die Neugier beim Leser wecken, schafft sie dies nicht, wird dem Businessplan keine weitere Beachtung geschenkt, mag er im weiteren Verlauf noch so gut aufgestellt sein. Da eine konzentrierte Zusammenfassung des Wesentlichen auf wenigen Seiten oftmals schwieriger ist als die Erstellung eines kompletten Businessplans, empfiehlt es sich, die Executive Summary nach Fertigstellung des Businessplans zu erstellen.[40] Ebenso wird es hierdurch einfacher, sich auf die

---

[39] Vgl. Kruth u. a. (2002), S. 223.
[40] Vgl. Nagl (2010), S. 19.

wesentlichen Kernaussagen zu begrenzen und somit eine kurze, aussagekräftige und dennoch detaillierte Reflexion des Businessplans anzufertigen.[41]

Das Layout der Executive Summary muss sauber wirken. Der Inhalt sollte eine klare Struktur mit kurzen, prägnanten und überzeugenden Sätzen aufweisen. Ggf. können Bilder, Grafiken und Diagramme zur Erläuterung herangezogen werden. Der rote Faden sollte für den Leser erkennbar sein und alle Behauptungen müssen anhand von Zahlen und Fakten belegbar sein.[42] Notwendige Bestandteile der Executive Summary sind:[43]

- eine kurze Beschreibung der Geschäftsidee, der strategischen Ziele sowie der Planung der wichtigsten Kennzahlen wie Umsatz, Gewinn und Rentabilität,
- eine Darstellung des Managementteams und der Schlüsselpersonen inkl. deren Qualifikationen und Fähigkeiten,
- eine Darstellung der Bewegungen und Trends des Absatzmarktes, die Produkte und Leistungen der Wettbewerber sowie die Bedürfnisse und Vorlieben der Kunden,
- eine Beschreibung der Produkte/Dienstleitungen, woraus sowohl die Alleinstellungsmerkmale als auch die Wettbewerbsvorteile hervorgehen und wo eine Differenzierung gegenüber vorhandenen und potentiellen Wettbewerbern dargestellt wird,
- eine Präsentation der geplanten Marketing Mixes und Marketingstrategien, die eingesetzt werden, um das Produkt erfolgreich auf dem Markt zu positionieren und zu vermarkten,
- eine Übersicht der zu erwartenden finanziellen Verhältnisse des Unternehmens, wie Einnahmen- und Ausgabenrechnungen für die nächsten drei bis fünf Jahre,
- eine Beschreibung des Kapitalbedarfs sowie eine Erklärung über die Verwendung dieser Mittel und geplante Rückzahlungsmodalitäten.

---

[41] Vgl. Arnold (2009), S. 40.
[42] Vgl. Arnold (2009), S. 39 f.
[43] Vgl. Schwetje, Vaseghi (2006), S. 25 f.

4.2 Unternehmenskonzept

Im zweiten Teil des Businessplans geht es um die Vorstellung des Unternehmens. Zu einer Basisinformation über das Unternehmen gehören Bestandteile wie der Name, die schon vorhandene oder geplante Anschrift und eine Beschreibung des Unternehmensgegenstandes. Desweiteren sollte die Entstehung der Unternehmensidee bzw. Geschäftsidee dargestellt werden. Für den Leser muss erkennbar werden, wie die Idee zustande gekommen ist, worin der Glaube liegt, dass die Menschen einen großen Bedarf an dem neuen oder innovativen Produkt oder der Dienstleistung haben und warum diese eine erfolgreiche Vermarktung mit sich bringen wird. Aus der alleinigen Idee heraus, ein Geschäftsmodell zu entwickeln, bedarf es einer intensiven Auseinandersetzung mit der Unternehmensidee und einer genauen Prüfung auf vorhandene Zielgruppen.[44]

Bei der Beschreibung des Unternehmens ist eine kurze Übersicht über die Produkte oder Dienstleistungen nötig. Allerdings gilt es, genaue Ausformulierungen zu vermeiden, da diese erst im weiteren Verlauf des Businessplans erfolgen werden.[45] Hierauf wird im Kapitel 4.3 eingegangen. Ebenso darf hier keine zweite Executive Summary verfasst werden oder eine Vorwegnahme des Businessplans stattfinden. Der Leser soll lediglich eine Vision von dem Unternehmen bekommen, wie es sich in den nächsten Jahren entwickeln kann, wie die zukünftige Positionierung im Markt aussehen wird und welche Ziele mit welchen Strategien erreicht werden sollen.[46] Die geplanten Erfolgsaussichten müssen den potentiellen Kapitalgeber euphorisieren. Mengenhafte Angaben über Ziele und Gewinne, welche geplant werden sind gut, aber der Leser muss merken, dass qualitative und genaue Überlegungen des Gründerteams stattgefunden haben, die zu einer Konkretisierung der Unternehmensidee und somit zu direkten Zielen, Aufgaben und zu einer genauen Umsetzung geführt haben. Der Unternehmensstrategie und deren Realisierbarkeit wird eine große Bedeutung in diesem Kapitel zugesprochen. Scheinen Strategie, Ziele und Gewinnerwartungen unrealistisch, wirken diese beim

---

[44] Vgl. Schwetje, Vaseghi (2006), S. 34 f.
[45] Vgl. Arnold (2009), S. 49.
[46] Vgl. Pilzecker, Wandt (2005), S. 31 f.

Adressaten unglaubhaft und der Businessplan wird keine überzeugende und erfolgreiche Wirkung erzielen.[47]

Kapitalgeber sehen gern eine mittel- bis langfristige Ziel- und Strategieplanung, woraus sie entnehmen können, mit welchen möglichen Gewinnen zu rechnen ist. Eventuelle Krisensituationen schrecken diese dann nicht ab. Vielmehr zeigt ein durchdachtes und realistisches Zukunftsbild des Unternehmens, dass sich die Gründer mit den Risiken auseinander gesetzt haben.[48]

Sofern das Unternehmen noch nicht gegründet ist, sollte das geplante Gründungsdatum inkl. der bis dahin noch durchzuführenden Maßnahmen wie zum Beispiel die Gewinnung von weiteren Partnern genannt werden. Eine Übersicht der zeitlichen Vorgehensweise rundet dies ab.[49]

Unternehmensgründer bzw. Team

Bei der Darstellung des Unternehmens darf auf eine Präsentation des Gründers oder ggf. des Gründerteams nicht verzichtet werden.

Dabei stellt sich zuerst der Gründer des Unternehmens mit seinem Team dar. Der Aufbau des kompletten Managements und der Organisation wird im weiteren Verlauf des Businessplans aufgezeigt. Hierauf wird im Kapitel 4.6 noch näher eingegangen. Eine kurze Beschreibung der persönlichen Qualifikationen und fachlichen Kompetenzen des Gründers oder der einzelnen Personen des Teams in ein bis zwei Absätzen muss überzeugend wirken. Eine besondere Hervorhebung dieser Eigenschaften sollte durch Einbringung von Lebensläufen, welche in den Anhang des Businessplans einzufügen sind, geschehen.[50]

Kapitalgeber interessiert es mit wem sie es zu tun bekommen und wem sie ihr Geld anvertrauen. Die Gründungsidee allein reicht nicht aus, wenn die Kapitalgeber dem Unternehmensgründer das erwartete Know-How nicht ansehen oder zutrauen. Bei einer Selbstdarstellung ist darauf zu achten, dass alle wichtigen Informationen, wie erzielte Berufserfolge, langjährige Berufserfahrungen und besondere Qualifikationen, welche für eine erfolgreiche Gründung nötig sind, dargestellt werden.[51]

---

[47] Vgl. Kruth u. a. (2002), S. 38 ff.
[48] Vgl. Schwetje, Vaseghi (2006) S. 36.
[49] Vgl. Arnold (2009), S. 51.
[50] Vgl. Stutely (2007), S. 96 ff.
[51] Vgl. Janson (2008), S. 20 f.

Besteht ein Mangel an Qualifizierung, so ist dies nicht zu verheimlichen oder wegzulassen sondern auch darzustellen. Jedoch im sofortigen Zusammenhang mit anstehenden Maßnahmen, wie z. B. Seminarbesuche, Coaching oder sonstigen Förderprogrammen, um die benötigten Qualifikationen zu erlangen.[52]

Ist bei der Gründung des Unternehmens mehr als eine Person an dem Aufbau des Unternehmens und somit auch an der Verteilung der Besitzverhältnisse beteiligt, so ist auch dies im Bereich der Unternehmensbeschreibung aufzuführen. Eine Übersicht der rechtlichen Verhältnisse kann bei Bedarf anhand eines Organigramms gemacht werden. Dies verschafft dem potentiellen Kapitalgeber einen transparenten Überblick über das Unternehmen.[53]

Standortwahl
Die Wahl des Standortes steht in Abhängigkeit zum geplanten Vorhaben und kann je nach Unternehmen eine größere oder mindere Bedeutung haben. Durch die Beschreibung des Standortes muss deutlich werden, warum dieser Ort gewählt wurde. Dies kann durch Hervorhebung aller besonderen und für die Wahl ausschlaggebenden Punkte geschehen. Bei einem Dienstleistungsunternehmen mit Kundenverkehr sollte das Geschäft zentral und gut erreichbar liegen. Beim Produktionsgewerbe hingegen muss ein Industriegebiet mit guter Infrastruktur gewählt werden.[54]

Es gibt vielerlei Standortfaktoren, welche die Wahl beeinflussen. Dabei wird zwischen harten und weichen Faktoren unterschieden. Elemente wie die Verkehrsinfrastruktur, die örtlichen Steuern, Abgaben und Förderangebote, die Position zum Absatzmarkt sowie der vorhandene Arbeitsmarkt und dessen Qualität zählen zu den harten Faktoren. Sie können direkt in der Kostenrechnung eines Unternehmens mit einbezogen werden. Weiche Standortfaktoren hingegen können nicht integriert werden, da diese unternehmen- oder personenbezogenen Faktoren nur schwer messbar sind. Zu ihnen zählen z. B. das Image der Stadt oder der Region, die Mentalität der Arbeitnehmer sowie persönliche Vorlieben des Unternehmers.[55]

---

[52] Vgl. Lutz (2010), S. 109.
[53] Vgl. Kruth u. a. (2002), S, 34.
[54] Vgl. Singler (2010), S. 43.
[55] Vgl. Schmude (2003), S. 293.

Sowohl die harten als auch die weichen Faktoren haben einen großen Einfluss auf den wirtschaftlichen Erfolg eines Unternehmens. Daher ist auf die Qualität des Standortes besonders zu achten und die Wahl nicht zu unterschätzen bzw. zu vernachlässigen. Fehlentscheidungen im Bereich der Standortwahl sind nur schwer zu beheben.[56] Auch die anfallenden Kosten des Unternehmenssitzes, seien es Kauf-, Miet- oder Nebenkosten dürfen nicht unberücksichtigt bleiben. Ein guter Standort hat seinen Preis und muss finanziell tragbar sein.[57] Je nach Unternehmen sind die Gewichtungen der einzelnen Faktoren unterschiedlich zu bewerten. Bei Bedarf kann eine Übersicht der einzelnen Standortfaktoren wie z. B. Kundennähe, Kaufkraft, Infrastruktur, Kosten, etc. mit sofortiger Bedeutsamkeits- und Bedingungsangabe von sehr bis weniger bedeutend bzw. gute bis schlechte Bedingungen angefertigt werden.[58]

Rechtsform
Bei der Wahl der Rechtsform des Unternehmens ist der Gründer in seiner Entscheidung frei. Dennoch sollte die Wahl gut überdacht und auf der Basis zuvor gewählter Daten und Fakten beruhen. Viele Faktoren spielen eine bedeutende Rolle. Die Wahl ist entscheidend für alle weiteren Handlungen des Unternehmens.[59]

Jede einzelne Rechtsform hat im Hinblick auf steuerliche Behandlung, Haftung, Gewinn- und Verlustbeteiligung, Finanzierungsmöglichkeiten sowie auf Mitbestimmung ihre eigenen Vor- und Nachteile. Somit spielen zuvor überdachte organisatorische, gesellschaftrechtliche, haftungsrechtliche, steuerliche und arbeitsrechtliche Kriterien eine entscheidende Rolle. Bei unzureichenden Erfahrungen im Bereich der Rechtsformwahl sollte man sich von einem Steuerberater oder Anwalt beraten lassen.[60]

Nachfolgende Abbildung zeigt die gewählten Rechtsformen bei Neugründungen von Unternehmen innerhalb Deutschlands in den Jahren 2008-2010.

---

[56] Vgl. Lippert (2006b), S. 33.
[57] Vgl. Brauner, Raff, Vollmer (2007), S. 33.
[58] Vgl. Horn, Opoczynski (2009), S. 127.
[59] Vgl. Pilzecker, Wandt (2005), S. 33.
[60] Vgl. Schwetje, Vaseghi (2006), S. 60.

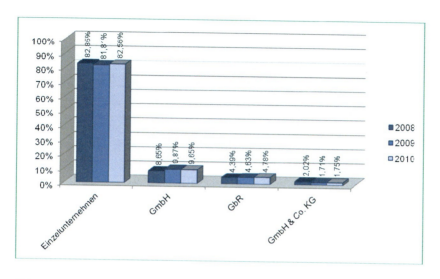

Abb. 1: Neugründungen in Deutschland unter Berücksichtigung der Rechtsform
Quelle: Eigene Darstellung in Anlehnung an: destatis.de (2009); destatis.de (2010); destatis.de (2011)

Hieraus geht deutlich hervor, dass bei Neugründungen häufig die Rechtsform der Einzelunternehmung gewählt wird. Weitere Rechtsformen wie eine OHG, KG, AG, Genossenschaften und die englische Rechtsform der Private Company Limited by Shares werden selten gewählt. Hier liegt die Zahl der Neugründungen bei allen Rechtsformen in jedem Jahr weit unter einem Prozent.[61]

4.3 Produkt bzw. Dienstleistung

In diesem Abschnitt des Businessplans geht es um die Darstellung des Produktes bzw. der Dienstleistung der Unternehmung.[62] Wichtig an dieser Stelle ist darzustellen, ob ein neues Produkt geschaffen wird oder ob es sich um eine Produktinnovation handelt. Bei beidem muss deutlich erkennbar werden, worin der Nutzen für die Kunden liegt, warum der Kunde sich gerade für dieses Produkt entscheiden soll und nicht für ein vergleichbares Produkt der Mitbewerber.[63] Eine deutliche Hervor-

---

[61] Vgl. destatis.de (2009); destatis.de (2010); destatis.de (2011)
[62] Produkt steht im weiteren Verlauf auch für Dienstleistung.
[63] Vgl. Kruth u. a. (2002), S. 51.

hebung des Alleinstellungsmerkmales, auch Unique Selling Proposition genannt, ist von großer Bedeutung.[64]

Bei neuen Produkten ist eine detaillierte Beschreibung, ggf. inklusive einer grafischen Darstellung des Produktes oder der Produktpalette, unumgänglich. Auf zu viele technische Details sollte verzichtet werden. Bereits vorhandene und dem Leser bekannte Produkte bedürfen einer kurzen und knappen Beschreibung.[65] Als Erfinder, Schöpfer eines Produktes liegt die Kunst der Beschreibung darin, nicht zu sehr in die Tiefe zu gehen. Dies passiert oftmals aufgrund der Verbundenheit und Vertrautheit zum Produkt. Spezialisierende und fachmännische Ausdrücke sollten vermieden werden, da der Leser häufig kein Fachmann im Produktionsbereich ist, sondern den Businessplan mit betriebswirtschaftlichem Hintergrund liest.[66] Um keine zu ausführliche Produktbeschreibung zu verfassen, sollte man sich auf drei Ebenen eines Produktes konzentrieren, die in Abbildung 2 dargestellt sind.

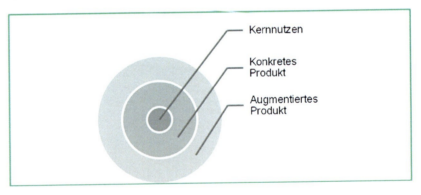

Abb. 2: Einzelne Produktebenen
Quelle: Eigene Darstellung in Anlehnung an: Kruth u. a. (2002), S. 53.

Zunächst stellt man den Kernnutzen des Produktes dar und erläutert die grundlegenden Produkteigenschaften bzw. Nutzungseigenschaften, welche zur Befriedigung der Kundenbedürfnisse führen.
Bei der konkreten Beschreibung des Regelproduktes wird die Differenzierung gegenüber anderen Produkten dargestellt. Hier werden die Erwartungen der

---

[64] Vgl. Nagl (2010), S. 40.
[65] Vgl. Stutely (2007), S. 101 f.
[66] Vgl. Kruth u. a. (2002), S. 52.

Kunden im Hinblick auf Marke, Qualität, Verpackung, Farbe, Design oder die besonderen Merkmale des Produktes beschrieben.

Eine Auflistung der erweiterten Leistungen, die ein Produkt mit sich bringt aber vom Kunden nicht erwartet werden, wird in der augmentierten Produktbeschreibung vollzogen. Hierunter fallen Zusatzleistungen, wie ein besonderer Service, eine besondere Zustellung, explizite Garantieleistungen oder einfache Ergänzungsprodukte.[67]

Weiterhin muss für den Leser des Businessplans erkennbar sein, wie der aktuelle Entwicklungsstand des Produktes ist und wie der weitere Lebenszyklus geplant wird. Zur Planung des Lebenszyklus bietet sich eine Einordnung der Produkte in die folgende sogenannte BCG-Matrix an.

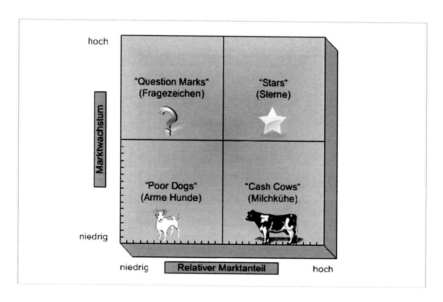

Abb. 3: Boston Consulting Group Matrix
Quelle: Eigene Darstellung in Anlehnung an: Nagl (2010), S. 41.

Werden Produkte im Bereich der "Stars" eingeordnet, spricht man diesen in wachsenden Märkten eine gute Marktpositionierung mit hohen Marktanteilen zu.

---

[67] Vgl. Kreutzer (2010), S. 193.

Der große Investitionsbedarf wird durch einen hohen Cash-Flow gedeckt. Bei der Normstrategie wird eine Investition empfohlen.[68]

Weisen Produkte trotz geringen Cash-Flow und geringer Marktanteile ein recht hohes Marktwachstum auf, sind diese dem Bereich der "Question Marks" einzuordnen. Hier gilt zu entscheiden, ob das Produkt mit hohen Investitionen weiter gefördert werden oder ob eine Selektion der Produkte bzw. ein Rückzug aus dem Markt erfolgen soll.[69]

"Cash Cows" sind Produkte, die ein geringes Marktwachstum aufweisen, sich allerdings mit einem recht hohen Marktanteil fest am Markt etabliert haben. Um diese Markstellung zu halten, bedarf es nur sehr geringer Investitionen, sodass der erzielte Gewinn zur Existenzsicherung oder für weitere Produkte abgeschöpft werden kann.[70]

Produkte mit geringem Marktwachstum und schlechter Marktposition werden als sogenannte "Poor Dogs" bezeichnet. Sie erwirtschaften meist keine Gewinne, sodass über eine Eliminierung dieser Produkte nachgedacht werden muss.[71]

Der Vorteil dieser Matrix liegt in der einfachen Struktur und in der Übersichtlichkeit der Lebenszyklen.[72]

Ein weiterer Punkt, der bei der Produktbeschreibung Beachtung finden sollte, ist die Erläuterung der Schutzmöglichkeiten durch den gewerblichen Rechtschutz wie Patentschutz, Gebrauchsmuster, Urheberrechten, Geschmacksmuster und Marken. Dies muss vor allem dann geschehen, wenn durch die Herstellung eines Produktes, das ein Alleinstellungsmerkmal aufweist, ein Wettbewerbsvorteil entsteht. Mit einem speziellen Rechtschutz kann der Gefahr, dass bei erfolgreicher Vermarktung mögliche Wettbewerber das Produkt übernehmen, entgegen gewirkt werden.[73]

---

[68] Vgl. Armstrong u. a. (2011), S. 176.
[69] Vgl. Nagl (2010), S. 41.
[70] Vgl. Armstrong u. a. (2011), S. 176.
[71] Vgl. Berndt u. a. (2010), S. 179 f.
[72] Vgl. Nagl (2010), S. 42.
[73] Vgl. Oehlrich (2010), S. 63 ff.

4.4 Markt und Marktwettbewerb

Ist die Unternehmens- und Produktbeschreibung für viele Existenzgründer noch recht einfach, so bekommen sie bei der Beschreibung des Marktes oftmals Schwierigkeiten. Mangelnde Kenntnisse über den Markt und die Wettbewerber sind in vielen Fällen Grund für das Scheitern am Markt.[74] So gibt es bei einer Produktneuheit häufig den Irrglauben, es würde dafür keinen Markt und somit keine Wettbewerber geben. Doch die Bedürfnisse der Kunden werden wahrscheinlich nur auf eine andere Art und Weise von bereits etablierten Unternehmen zufriedengestellt.[75]

Deshalb wird der genauen Marktanalyse große Beachtung durch die potentiellen Kapitalgeber geschenkt. Sie dient ihnen als weitere Grundlage zur Entscheidungsfindung. Nur wer den Eindruck hinterlässt, seine Kunden und deren Bedürfnisse zu kennen, wird erfolgreich mit seinem Unternehmen sein.[76] Bei der Analyse empfiehlt es sich mit einer Darstellung des Gesamtmarktes zu beginnen. Durch Aufzeigen der vergangenen und aktuellen Situation bekommen die Kapitalgeber einen ersten Eindruck von der Branche und den Zielgruppen der Unternehmung.[77] Des Weiteren gilt es zu beschreiben, wie sich der Markt und die Kunden in den nächsten drei bis fünf Jahren verändern können und wie sich dadurch das Marktpotential des Unternehmens in Zukunft entwickeln wird. Hierbei ist allerdings zu beachten, dass das Marktpotential nicht zu groß gewählt werden darf. Die Planung sollte nicht zu hohe Erwartungen wecken. Denn die gesamte Kundschaft des Gesamtmarktes kann nicht gewonnen werden, da die unterschiedlichsten Produktbedürfnisse vorliegen und diese nicht durch nur ein einziges Produkt befriedigt werden können.[78] Im Anschluss an die Beschreibung des Gesamtmarktes folgt die Marktsegmentierung.

Bei der Marktsegmentierung wird der Gesamtmarkt in einzelne Teilmärkte -auch Marktsegmente genannt- zerlegt, um so das Angebot auf die verschiedenen Kundenbedürfnisse einzustellen. Die Kunden sollen zielgerichtet und effizient angesprochen werden. Die Unterteilung der Kunden in einzelne Zielgruppen erfolgt

---
[74] Vgl. Nagl (2010), S. 23.
[75] Vgl. Lutz (2010), S. 113.
[76] Vgl. Cristea u. a. (2007), S. 75.
[77] Vgl. Arnold (2009), S. 68.
[78] Vgl. Schwetje, Vaseghi (2006), S. 71 f.

aufgrund zuvor frei gewählter Kriterien wie z. B. geografische, worunter Städte, Gemeinden, Länder oder Landkreise fallen. Zu den demografischen Kriterien zählen Bestimmungsfaktoren wie Alter, Geschlecht, Größe, Gewicht, Beruf, Einkommen, Haushalt, etc. Verhaltensorientierte Kriterien wie das Preis-, das Kauf- und das Verwendungsverhalten sowie die Produkt- bzw. Markenwahl der Kunden ebenso wie psychologische Kriterien, sprich Persönlichkeitsmerkmale der Kunden wie Lifestyle, Vorlieben und Gewohnheiten können als weitere Bestimmungsfaktoren dienen.[79]

Durch die Segmentierung soll der Leser des Businessplans erkennen, welcher Markt bzw. welche Konsumentengruppen gezielt mit dem Produkt bedient werden. Nicht immer ist es sinnvoll den größten Marktanteil zu bedienen. Eher sollte darauf geachtet werden, welches Segment die besten Wachstumschancen bietet und somit zu einem hohen Gewinn führen kann.[80]

Um den Gesamtmarkt, die Teilmärkte und deren Wachstum darstellen zu können, bedarf es einer guten Informationsbeschaffung. Es werden genaue Zahlenwerte und Fakten über das Kaufinteresse und die Nachfrage der vorhandenen und potentiellen Kunden benötigt. Anhand einer sorgfältigen und ggf. sehr zeitintensiven Datenrecherche müssen das Marktpotential, das prophezeite Wachstum des Marktes, das Marktvolumen und der zu erwartende Markanteil dargelegt werden.[81] Die Informationsgewinnung unterscheidet zwei Varianten, die Primär- und die Sekundärforschung.

Die Primärforschung, welche häufig bei Produktneuheiten genutzt wird, erhebt die Daten durch Umfragen und Beobachtungen der potentiellen Zielgruppen. In diesem Fall liegt der Vorteil in der Aktualität der Daten, die direkt von den Potenzialkunden kommen. Interviews von Experten mit langjähriger Erfahrung in der Branche sind eine gute Ergänzung der Primärforschung. Nachteilig sind allerdings die hohen Kosten, welche die Primärforschung mit sich bringt.[82]

---

[79] Vgl. Herzberg (2010), S. 43 ff.
[80] Vgl. Cristea u. a. (2007), S. 81.
[81] Vgl. Nagl (2010), S. 24.
[82] Vgl. Plümer (2006), S. 111.

Bei der Sekundärforschung greift man auf bereits vorhandene Daten von Bundesämtern, Fachverbänden, Banken oder von Handelskammern zurück. Ebenso können Fachzeitschriften, Tageszeitung oder auch das Internet zur Informationsgewinnung genutzt werden. Schnelle Verfügbarkeit und die geringen Kosten werden als Vorteil bei der Sekundärforschung angesehen.[83] Je nach Unternehmen kann die Anwendung einer Kombination aus beiden Methoden sinnvoll sein. Die erhobenen und gesammelten Informationen müssen zunächst sorgfältig und zielgenau aufbereitet und analysiert werden. Aufgrund der vielfältigen Informationen ist in diesem Punkt für Kapitalgeber maßgeblich zu erkennen, dass nur wichtige Informationen verwendet wurden. Hier zeigt sich, ob der Businessplan-Autor sein Handwerk versteht oder nicht.[84]

Ebenso wichtig wie die Marktanalyse ist die Wettbewerbsanalyse. Auch hier sehen viele Unternehmer nicht die Signifikanz der Konkurrenzanalyse. Wer sich am Markt behaupten will, muss die Konkurrenz kennen. Denn diese schläft nicht.[85]

Zunächst gilt es die größten und wichtigsten Wettbewerber zu bestimmen und ihre Produktpalette, Marketingstrategien inkl. Preispolitik, ihre Wirtschaftlichkeit und deren Anteile am Markt zu beurteilen. In diesem Zusammenhang kann auf die bereits für die Marktanalyse gewonnenen Informationen zurückgegriffen werden. Ggf. können weitere Erkenntnisse aus Jahresberichten der Konkurrenzunternehmen gewonnen werden. Sollten wertvolle Informationen zu den wirtschaftlichen Zahlen fehlen, ist man auf Schätzungen angewiesen. Neben der Analyse der vorhandenen Mitbewerber gilt es ebenso zu prüfen, ob potentielle Konkurrenten in den Markt des Unternehmens eindringen und somit dem Innovator der Produkte Marktanteile abnehmen könnten.[86] Diese Bedrohung kann durch Markteintrittsbarrieren verhindert werden. Mögliche Eintrittsbarrieren sind z. B.:[87]

- Hohe Investitionsanforderungen für die Konkurrenten, um Bekanntheit und somit guten Absatz am Markt zu erreichen.

---

[83] Vgl. Schwetje, Vaseghi (2006), S. 72.
[84] Vgl. Pilzecker, Wandt (2005), S. 71.
[85] Vgl. Peterson, Tiffany (2009), S. 151.
[86] Vgl. Stutely (2007), S. 126 f.
[87] Vgl. Nagl (2010), S. 28.

- Hohe Umstellungs- und Wechselkosten für den Kunden. Neuanbieter müssen günstiger und qualitativ bessere Leistungen erbringen.
- Patente, Schutzrecht für Produkte und Erfindungen.

Diese Markteintrittsbarrieren können jedoch auch von bereits am Markt etablierten Unternehmen als Abwehrmechanismen eingesetzt werden. Vorhandene Anbieter können bei Eindringen in ihren Markt Preiskämpfe verursachen, sodass es für ein Gründungsunternehmen schwer oder sogar unmöglich sein könnte, sich zu etablieren. Zudem stellt eine starke Verteilung der Marktanteile auf mehrere Unternehmen eine weitere Barriere für Marktneueinsteiger dar.[88]

Zusätzlich zu den direkten und potentiellen Wettbewerbern muss geprüft werden, ob evtl. ähnliche Produkte -sogenannte Substitute- am Markt vorhanden sind. Existieren solch indirekte Bewerber mit preiswerteren oder leistungsfähigeren Produkten und erfüllen diese die gleichen Bedürfnisse der Kunden auf eine andere Art und Weise, besteht kein Alleinstellungsmerkmal und die Substitute können zum Risiko werden.[89]

Als vorteilhafte Zusammenfassung der Markt- und Konkurrenzanalyse kann die sogenannte SWOT-Analyse dienen. Die Bezeichnung „SWOT" steht für die englischen Begriffe Strengths (Stärken), Weaknesses (Schwächen), Opportunities (Gelegenheiten/Chancen) und Threats (Bedrohung/Risiken). Die Darstellung der SWOT-Analyse erfolgt anhand einer Matrix.
Bei den Stärken und Schwächen wird ein Vergleich mit den größten vorhandenen Wettbewerbern aufgestellt. Weil die Stärken wie auch die Schwächen interne Eigenschaften des Unternehmens sind, können diese vom Unternehmen selbst beeinflusst werden. So können vorhandene Schwächen durch geplante Maßnahmen abgebaut oder eliminiert werden. Ein kopierbares Produkt stellt beispielsweise eine Schwäche des Unternehmens dar, dies könnte durch Erwerben eines Patentes verhindert werden. Ebenso können bereits existierende Stärken weiter ausgebaut werden. Die Chancen und Risiken hingegen sind als externe Faktoren nicht beeinflussbar. Sie sind abhängig von Veränderungen im externen Umfeld des Unternehmens, wie z. B. Veränderungen des Kundenverhaltens am Markt.[90] Die

---

[88] Vgl. Nagl (2010), S. 28.
[89] Vgl. Cristea u. a. (2007), S. 78.
[90] Vgl. Oehlrich (2010), S. 102 ff.

Ergebnisse der Markt- und Konkurrenzanalyse dienen als Grundlage für eine Strategiefindung, die im Kapitel 4.5 „Marketing und Vertrieb" des Businessplans erläutert wird.

4.5 Marketing und Vertrieb

Dem Leser des Businessplans sollten das Unternehmen, das Produkt, die Kunden, die Märkte bzw. die Marktsegmente und die Marktwettbewerber nun bekannt sein. Aufgrund der zuvor erkannten Chancen durch die Markt- und Wettbewerbsanalyse gilt es jetzt an dieser Stelle, die prognostizierten Absatzziele und Positionierung am Markt anhand einer Marketingstrategie zu beschreiben. Wie, wodurch und in welchen Zeitraum sollen die geplanten Ziele erreicht werden?[91]

Hierbei wird zwischen dem operativen und dem strategischen Marketing unterschieden. Das strategische Marketing umfasst eine Planung der Ziele und eine Auswahl von geeigneten Strategien, inkl. erforderlicher Mittel zu deren Umsetzung für einen langfristigen Zeitraum von meist fünf Jahren. Das grundlegende Wissen über die Märkte und Produkte spielt eine wichtige Rolle. Man spricht von der langfristigen, gesamthaften Marketingkonzeption des Unternehmens.[92]

Bei der operativen Marketingplanung hingegen ist der geplante Zeitraum kurzfristig -bis zu einem Jahr- angelegt. Es wird eine aktive Beeinflussung des Marktes geplant und durchgeführt. Zu den operativen Maßnahmen zählen z. B.:[93]

- eine Festlegung des kurzfristig geplanten Umsatzes und der Gewinnung von Marktanteilen unter Berücksichtigung konjunktureller und saisonaler Bedarfs- und Absatzprognosen,
- eine genaue Bestimmung der Marketinginstrumente,
- eine reelle Tages-, Wochen- und Monatsplanung der Marketingmaßnahmen inkl. deren Kosten,

---

[91] Vgl. Schwetje, Vaseghi (2006), S. 83.
[92] Vgl. Oehlrich (2010), S. 113.
[93] Vgl. Nagl (2010), S. 47.

- sowie eine Überprüfung der Planungen in Bezug auf die strategischen und finanziellen Pläne des Unternehmens.

Nur eine enge Koordinierung beider Marketingplanungen führt zu einer guten und erfolgreichen Marketingstrategie. Im Bereich des operativen Marketings wird zudem auf die Verwendung der Marketinginstrumente, dem sogenannten Marketing-Mix, näher eingegangen. Unter Marketing-Mix versteht man den aufeinander abgestimmten Einsatz absatzpolitischer Maßnahmen unter Beachtung der aktuellen Marktsituation und des Produktlebenszyklus.[94]

Der Marketing-Mix besteht aus vier Bereichen, den sogenannten 4 P´s, die für die englische Bezeichnung Product, Price, Place und Promotion stehen. Hierunter fallen die Produkt-, Preis-, Vertriebs- und die Kommunikationspolitik, welche nun konkreter erläutert werden.[95]

Produktpolitik
In Anlehnung und ergänzend zu der im Kapitel 4.3 ausgeführten Produkt- und Dienstleistungsbeschreibung wird bei der Produktpolitik auf geplante Marketingmaßnahmen eingegangen, welche ergriffen werden, um die Bedürfnisse der Zielkunden an Qualität, Funktionalität, Verpackung und Service zu erfüllen und die eine Differenzierung gegenüber den Wettbewerbern mit sich bringen.[96] Ziel der Produktpolitik ist die Erweiterung von Marktanteilen, Erhöhung des Vertriebes sowie Schaffung eines positiven Images des Unternehmens.[97]

Preispolitik
Der Preispolitik wird eine hohe Beachtung durch die Kapitalgeber geschenkt. Denn nur eine gute Preispolitik wird das Unternehmen zum Erfolg bringen. Sind die Preise zu niedrig angesetzt und decken die Einnahmen nicht die Kostenseite, so können die Verluste zum Scheitern des Unternehmens führen. Sind die Preise hingegen zu hoch festgelegt, werden die Kunden auf Ersatzprodukte der Wettbewerber ausweichen. Detaillierte Kenntnisse über die eigenen Kosten, die Nachfrage der Konsumenten, die Preispolitik der Mitbewerber und die Preiselastizität des

---
[94] Vgl. Nagl (2010), S. 47 f.
[95] Vgl. Cristea u. a. (2007), S. 83.
[96] Vgl. Kruth u. a. (2002), S. 91 f.
[97] Vgl. Nagl (2010), S. 51.

Marktes gelten als Voraussetzung für eine gute Preispolitik und führen zur optimalen Preisfindung.[98] Bei der Preisgestaltung wird häufig zwischen zwei Preisstrategien, der Abschöpfungs- und der Penetrationsstrategie, gewählt.

Bei der Abschöpfungsstrategie, die sich häufig für Unternehmensgründer mit neuen, innovativen Produkten empfiehlt, wird bei Produkteinführung in den Markt ein relativ hoher Preis gewählt, und dieser wird dann sukzessive gesenkt. Die hohen erwirtschafteten Erträge führen dazu, dass das Unternehmen bereits von Beginn an alle Kosten decken kann und somit direkt Rücklagen für weitere Ausgaben gebildet werden können. Dadurch wird für wachstumsbedingte und neue Investitionen kein weiteres Fremdkapital benötigt.[99]

Die Penetrationsstrategie hingegen zielt auf eine hohe Gewinnung an Marktanteilen durch einen niedrigen Anfangspreis ab. Im fortschreitenden Lebenszyklus des Produktes wird der Preis leicht erhöht. Die anfänglichen Investitionskosten sind bei dieser Preisstrategie recht hoch. Um die erhöhte Nachfrage befriedigen zu können, bedarf es eines ausreichenden Angebots. Kommt es zu Lieferschwierigkeiten, kann dies enorme finanzielle und imageschädigende Folgen mit sich bringen. Daher schreckt diese Strategie sowohl Gründer als auch mögliche Kapitalgeber oftmals ab.[100]

Eine Orientierung zur Preisfestsetzung kann anhand der Kosten, der Nachfrage oder anhand des Wettbewerbes erfolgen. Bei der kostenorientierten Preisfestsetzung ist der Preis vorrangig und der Service untergeordnet. Hier zählen das Volumengeschäft und große Stückzahlen. Bei der nachfrageorientierten Preisgestaltung werden die Preise in Abhängigkeit zur Nachfrage gewählt. Eine Festsetzung der Preise in Relation zum Wettbewerb erfolgt bei der Wettbewerbsorientierung.[101]

Wird bei Markteintritt darauf gesetzt, die Kunden durch Sonderkonditionen -wie Rabatte oder Bonifikation- zu gewinnen, sind diese geplanten Maßnahmen im Bereich der Preispolitik zu erläutern. Soll mit Zahlungszielen oder Skontogewäh-

---

[98] Vgl. Schwetje, Vaseghi (2006), S. 85.
[99] Vgl. Nagl (2010), S. 53.
[100] Vgl. Cristea u. a. (2007), S. 84 ff.
[101] Vgl. Pilzecker, Wandt (2005), S. 109.

rungen gearbeitet werden, müssen diese ebenfalls beschrieben werden. Auch ist das geplante Vorgehen gegen zahlungsunfähige Kunden aufzuzeigen.[102]

Vertriebspolitik
Die Vertriebspolitik, auch Distributionspolitik genannt, verdeutlicht die Wahl der Absatzwege. Es gilt folgende Fragen zu beantworten. Wie gelangen die Produkte zum Endkunden? Werden für den Vertrieb Partner benötigt? Welche Aufgaben und Funktionen übernehmen diese? All dies muss durch dem Bereich der Vertriebspolitik verdeutlicht werden.[103]
Beim Vertrieb wird zwischen dem direkten und indirekten Vertrieb unterschieden. Abbildung 4 veranschaulicht diese.

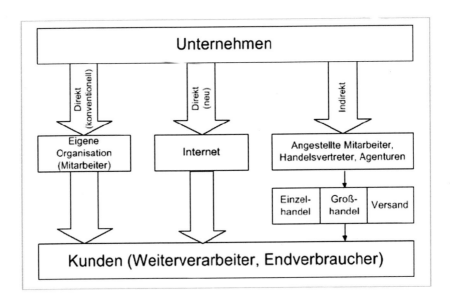

Abb. 4: Möglichkeiten der Absatzwege
Quelle: Eigene Darstellung

Die Wahl der Absatzwege richtet sich nach der Komplexität des Produktes. Unternehmen mit beratungsintensiven und schwer verständlichen Produkten sollten den direkten Vertrieb wählen, um so eine schnelle Reaktion auf die Kundenbedürfnisse zu gewährleisten.

---
[102] Vgl. Kruth u. a. (2002), S. 98.
[103] Vgl. Kreutzer (2010), S. 289.

Vertriebskanäle beim direkten Vertrieb sind z. B.:[104]

- eigene Verkaufsstellen in Form von Läden, welche zwar hohe Investitionen mit sich bringen aber eine Kontrolle des Vertriebes gewährleisten.
- eigene Verkaufsvermittler mit guten Produktkenntnissen, welche die Produkte mit hohem Erklärungsbedarf durch direkten Besuch beim Kunden Zuhause vermarkten.
- das Direct Mailing, wobei affine Kunden, die zuvor aus Datenbanken selektiert wurden, gezielt Werbung per Post erhalten.
- ein eigenes Callcenter, das Produktbestellung per Telefon entgegennimmt.
- das Internet, wo heutzutage mit minimalen Kosten der gesamte Weltmarkt angesprochen werden kann.

Beim direkten Vertrieb mittels unternehmenseigener Vertriebsorgane sind die anfänglichen Kosten im Gegensatz zu denen beim indirekten Vertrieb wesentlich höher. Der indirekte Vertrieb über unternehmensfremde Vermittler wird bei Produkten, die für den Kunden recht einfach zu verstehen sind, bevorzugt gewählt. Hierbei erhalten die Vermittler beim erfolgreichen Verkauf eine Provision.[105]

Zu den indirekten Vertriebskanälen zählen z. B.:[106]

- externe Verkaufsagenten, auch Handelsvertreter genannt, welche die Produkte im Namen des Unternehmens verkaufen.
- der Großhändler, welcher meist über bessere Kontakte zum Einzelhandel verfügt, kann dem Unternehmen beim Verkauf und beim Versuch der Marktdurchdringung behilflich sein.
- Einzelhandelsgeschäfte, welche die Produkte in ihr Sortiment mit aufnehmen und an den Endkunden verkaufen.
- das Franchising, wobei das Unternehmen selbst noch die Geschäftspolitik bestimmt und Franchisenehmer selbstständig die Vermarktung der Produkte übernehmen. Das Unternehmen erzielt Gewinn in Form von umsatzabhängigen Franchise-Gebühren.

---

[104] Vgl. Cristea u. a. (2007), S. 89.
[105] Vgl. Nagl (2010), S. 55.
[106] Vgl. Nagl (2010), S. 56.

- externe Callcenter, welche einen Direktverkauf der Produkte via Telefon im Auftrag des Unternehmens vornehmen.

Abgesehen von der Komplexität des Produktes und dessen Preis spielt die Anzahl der Abnehmer -ob Betriebe oder Privatpersonen- und ihr Einkaufsverhalten eine entscheidende Rolle bei der Wahl der Vertriebsstrategie.[107]

Kommunikationspolitik

Im Bereich der Kommunikationspolitik erfolgt eine Darstellung der Akquise von potentiellen Zielgruppen. Dabei geht es um folgende Fragen. Über welche Kommunikationskanäle werden Produkt oder Produktgruppen den Käufern angeboten und welche Instrumente werden hierbei benötigt? Durch welches Medium gelangt die Botschaft an den Empfänger, und wie wird die Wirkung sein?[108]

Ziel der Kommunikationspolltik ist es, die Aufmerksamkeit der Kunden zu wecken, Interesse am Produkt zu erzeugen und Informationen über das Produkt sowie dessen Nutzen zu vermitteln. Für den Kunden muss ersichtlich sein, dass die Bedürfnisbefriedigung eher durch das eigene Produkt statt durch das der Konkurrenten erreicht werden kann. Ein Vertrauensverhältnis muss geschaffen werden.[109]

Die Aufmerksamkeit der Kunden kann über unterschiedliche Methoden der Werbung gewonnen werden. Zu der klassischen Werbung zählen Anzeigen in Zeitungen, Fachzeitschriften sowie Werbespots im Radio, Fernsehen oder Kino. Direkte Briefe per Post oder Mails, gezielte Telefonanrufe und Werbung im Internet gerichtet an ausgewählte Kunden fallen in den Bereich des Direktmarketing.[110] Weitere Möglichkeiten der Werbung sind die Öffentlichkeitsarbeit und die Verkaufsförderung. Bei der Öffentlichkeitsarbeit, auch Public Relations genannt, wird durch eine eigens gesteuerte Pressearbeit, wie z. B. durch Herausgabe von Unternehmens- und Produktnachrichten, das Image des Unternehmens aufgewertet. Mit Hilfe der Teilnahme, Förderung oder Durchführung von sozialen und kulturellen Projekten oder Veranstaltungen kann das Unternehmen an Bekanntheit bei den Kunden und deren Sympathie gewinnen. Die Verkaufsförderung, auch Sales Promotion ge-

---

[107] Vgl. Cristea u. a. (2007), S. 86.
[108] Vgl. Kreutzer (2010), S. 322.
[109] Vgl. Nagl (2010), S. 57.
[110] Vgl. Cristea u. a. (2007), S. 90.

nannt, dient hingegen zur Schaffung eines Anreizes, ein Produkt zu kaufen. Dies gelingt über kurz- oder längerfristige Aktivitäten oder Aktionen, wie z. B. über eine gezielte Schaufenstergestaltung im Laden, Herausgabe von Katalogen, Präsentation und Vorführungen. Auch der Besuch von Messen und Ausstellungen ist eine weitere Methode der Werbung. Hier kann eine große Menge an potenziellen Kunden erreicht werden, und diese können von dem Produkt überzeugt werden. Ebenso kann der Besuch zur Kontaktknüpfung von Großabnehmern oder neuen Zulieferern dienen. Diese Art der Werbung ist oftmals kostspielig, kann aber auch zur Beobachtung des Marktes und der Konkurrenten genutzt werden.[111]

Die geplante Werbung kann durch die sogenannte AIDA-Formel auf ihre Werbewirkung hin überprüft werden. AIDA steht für die Anfangsbuchstaben der vier einzelnen Phasen:[112]

- **A**ttention - Aufmerksamkeit der Kunden gewinnen
- **I**nterest - Interesse erregen
- **D**esire - Kaufwunsch der Kunden antreiben
- **A**ction - Handeln bei den Kunden bewirken

Treffen nach der Überprüfung alle vier Punkte der AIDA-Formel zu, kann von einer qualitativ guten und voraussichtlich erfolgreichen Werbung ausgegangen werden.[113]

Der enge Zusammenhang der 4 P´s und der Einfluss dieses Marketing-Mixes auf den Kunden und auf die Positionierung im Markt wird in Abbildung 5 zusammenfassend veranschaulicht.

---

[111] Vgl. Nagl (2010), S. 58 f.
[112] Vgl. Armstrong u. a. (2011), S. 808.
[113] Vgl. Armstrong u. a. (2011), S. 808.

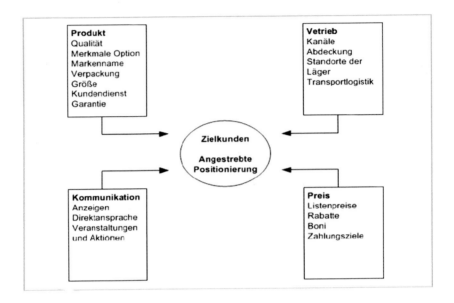

Abb. 5: Einfluss des Marketing Mixes
Quelle: Eigene Darstellung in Anlehnung an: Kruth u. a. (2002), S. 91.

4.6 Management und Organisation

Management

Ergänzend zu der im Kapitel 4.2 ausgeführten Beschreibung des Unternehmensgründers beziehungsweise des Gründerteams erfolgt in diesem Kapitel des Businessplans eine Beschreibung des Managements und Personals.

Kapitalgeber betrachten diesen Bereich mit großem Interesse. Denn allein eine überzeugende Darstellung des Gründers reicht nicht aus. Eine Person allein kann mit ihrem Wissen nicht alle Bereiche wie Entwicklung, Produktion, Vertrieb, Finanzierung, Unternehmensführung, etc. abdecken. Daher wirken sich detaillierte Beschreibungen der unterschiedlichen Qualifikationen, beruflichen Erfahrungen und Erfolge aller Schlüsselpersonen des Unternehmens positiv auf das Meinungsbild der Kapitalgeber aus. Dieses kann durch Lebensläufe jeder einzelnen Person vervollständigt werden. Sie werden ebenso wie der Lebenslauf der Gründerperson dem Anhang des Businessplans beigefügt.[114]

Wenn für die Investoren klar erkennbar ist, dass die Führungskräfte und das Team des Unternehmens sich ergänzen und alle notwendigen Qualifikationen, Fertigkeiten, Fähigkeiten und Kenntnisse vorhanden sind, steigt bei Ihnen die Bereitschaft für eine Zusage der benötigten Finanzmittel.[115]

Besondere Managementqualitäten sind im Businessplan nur schwer zu beschreiben. Daher überprüfen Investoren oftmals in persönlichen Gesprächen mit den Unternehmensgründern, ob die sogenannten Soft Skills vorhanden sind. Darunter versteht man:[116]

- die sozialen Fähigkeiten, wie Teamfähigkeit, Motivation, Konfliktfähigkeit,
- die Führungsfähigkeiten, wie Kommunikation, Verantwortung, Konsequenz,
- die fachliche und unternehmerische Kompetenz, wie Erfahrung, Know-How,
- der Wissenstand über Markt und Branche, wie sensible Marktbeobachtung,
- sowie die persönliche Flexibilität und Vorstellungskraft.

Sind im Management nicht alle Positionen bestens geeignet besetzt, gilt es auch die Maßnahmen zur Ausbesserung der vorhandenen Schwächen zu beschreiben.[117]

Nicht nur das Management sollte vorgestellt werden, sondern auch Mitarbeiter, die wichtige Schlüsselpositionen übernehmen und Fachabteilungen im Unternehmen führen. Wird es im weiteren Unternehmensverlauf zum Einsatz neuer Mitarbeiter oder ggf. zum Einsatz von Zeitarbeitskräften kommen, sind Personalentwicklungen ebenso wie Maßnahmen zur Personalbindung im Businessplan zu erläutern.

Auch wenn die Personalkosten in der Finanzplanung, siehe Kapitel 4.8 des Businessplans aufgeführt werden, sollten diese bereits im Bereich der Management- und Mitarbeiterbeschreibung näher dargelegt werden. Es empfiehlt sich, eine

---

[114] Vgl. Kruth u. a. (2002), S. 111.
[115] Vgl. Schwetje, Vaseghi (2006), S. 43.
[116] Vgl. Nagl (2010), S. 62.
[117] Vgl. Nagl (2010), S. 62.

gegliederte Übersicht nach Funktionsbereichen der Mitarbeiter sowie nach fixen und variablen Personalkosten anzufertigen.[118] Die Personalkosten werden bei neugegründeten Unternehmen oftmals unterschätzt, was zu finanziellen Problemen führen kann. Qualifizierte Mitarbeiter bringen hohe Fixkosten und auch Personalnebenkosten wie Sozial- und Rentenversicherungen mit sich. Gerade in der Anfangszeit könnte es vorkommen, dass aufgrund einer Fehlplanung im Personalbereich die anfänglich geringen Einnahmen nicht die hohen Personalkosten decken und somit die Liquidität des Unternehmens gefährden können.[119]

Organisation
Für eine schnelle und komprimierte Übersicht der internen Strukturen soll dem Leser der Bereich der Organisation dienen.
Bei einer Existenzgründung ist eine detaillierte und aufwendige Beschreibung der Organisation anhand von komplexen Organigrammen oftmals noch nicht möglich. Dies ergibt sich meist erst nach längerem Bestehen des Unternehmens, da es in den ersten Jahren häufig zu Umorganisationen kommt. Dieses Umorganisieren setzt eine anpassungsfähige und flexible Organisation voraus. Dennoch gilt für Unternehmensgründer die Aufgabenverteilung, Zuständigkeiten und Verantwortungen der einzelnen Bereiche im Unternehmen mit Hilfe von vereinfachten Diagrammen aufzuzeigen.[120] Der Leser des Businessplans muss erkennen können, dass der Unternehmensgründer die Fähigkeit besitzt, das Unternehmen aus der sogenannten Helikopter-Perspektive zu betrachten und dementsprechend zu führen. Die geschaffene Organisation muss unabhängig von den einzelnen Personen funktionieren, und das Zusammenspiel der einzeln gesteuerten und kontrollierten Bereiche muss ersichtlich werden. Hilfreich zur Darstellung der verschiedenen Aufgaben, Funktionsträger und Arbeitsprozesse ist eine Unterteilung des Organisationsbereiches in Aufbau- und Ablauforganisation.[121]

Im Bereich der Aufbauorganisation definiert der Unternehmensgründer, welche Aufgaben und Tätigkeiten durch welche Person unter Einsatz von gegebenen Sachmitteln übernommen und durchgeführt werden. Um die Aufgaben und die dazugehörige Verantwortung im Unternehmen sinnvoll aufzuteilen, setzt dies bei

---
[118] Vgl. Kruth u. a. (2002), S. 112 ff.
[119] Vgl. Arnold (2009), S. 80.
[120] Vgl. Cristea u. a. (2007), S. 107.
[121] Vgl. Kruth u. a. (2002), S. 43.

Neugründung eine zuvor stattgefundene systematische Aufgabenanalyse voraus. Die Kompetenz der Stelleninhaber muss mit dem Profil der einzelnen Stelle übereinstimmen.[122] Eine Darstellung der Hierarchie, der wesentlichen Funktionsbereiche, deren verantwortliche Leiter und der Kommunikationsstruktur anhand eines Organigramms erleichtert dem Leser das Verständnis der Organisationsstruktur. Das Organigramm sollte übersichtlich und nicht zu detailliert wirken. Eine Beschreibung der besonderen Qualitäten und Qualifikationen der einzelnen Mitarbeiter ist nicht erforderlich. Dies hat im Kapitel 4.6 „Management und Organisation" zu erfolgen.[123]

Bei der Aufbauorganisation wird zwischen der funktionalen und der divisionalen Organisationsform unterschieden. Die Wahl der Form ist von der Produktpalette und der erforderlichen Markt- bzw. Kundennähe des Unternehmens abhängig. Bei der funktionalen Organisationsform sind Unternehmen nach betrieblichen Funktionen strukturiert, und alle Produkte sind in diesen Funktionsbereichen vorhanden, sodass es keinen produktverantwortlichen Leiter gibt. Es findet eine funktionale Aufteilung der Verantwortung statt. Wird das Unternehmen in mehrere selbstständige Geschäftsbereiche, in denen es Entwicklung, Produktion, Vertrieb usw. für einzelne Produkte gibt, unterteilt, so spricht man von der divisionalen Organisationsform.[124]

Durch welche ablauforganisatorischen Regelungen, die in der Aufbauorganisation beschriebenen Aufgaben durchgeführt werden, gilt es nun aufzuzeigen. Die Ablauforganisation beschreibt unter Berücksichtigung der temporalen, lokalen und personalen Betrachtung, wie die Aufgaben erfüllt werden.[125] Durch diese Beschreibung wird dem Leser verdeutlicht, wie sehr sich der Gründer mit den internen Abläufen beschäftigt hat und dass auch im weiteren Verlauf des Unternehmens mit einer effektiven Planung und Gestaltung der einzelnen Prozesse gerechnet werden kann. Die Beschreibung der Ablauforganisation kann mit Hilfe von sogenannten Prozessketten gemacht werden. Diese veranschaulichen den gesamten Arbeitsablauf, beginnend bei der Akquisition des Kunden, den Auftragseingang bis hin zur

---

[122] Vgl. Oehlrich (2010), S. 241.
[123] Vgl. Kruth u. a. (2002), S. 44.
[124] Vgl. Schwetje, Vaseghi (2006), S. 50 ff.
[125] Vgl. Oehlrich (2010), S. 255.

Fertigstellung und Auslieferung des Produktes an den Kunden.[126] Aufbau- und Ablauforganisation dürfen nicht getrennt voneinander betrachtet werden, sondern müssen zusammen als Ganzes erscheinen. So setzt die Ablauforganisation an dem Punkt an, wo die Aufbauorganisation aufhört.[127]

Bietet es sich an, manche Prozesse und Tätigkeiten aus dem Unternehmen auszugliedern -hierbei spricht man vom sogenannten Outsourcing- sind die hierfür geplanten Partner zu benennen und ihre Aufgaben kurz und knapp zu erläutern.[128] Dies sollten auch Existenzgründer in Erwägung ziehen, da es oftmals lohnen kann Prozessbereiche, wie z. B. die Lohnbuchhaltung an Dritte zu übertragen, um so Kosten zu sparen. Zudem erfordern gewisse Tätigkeiten spezielle Fähigkeiten die nicht unbedingt in jedem Unternehmerteam vorhanden sind, sodass es sinnvoller ist, diese an eine externe Firma zu vergeben. Diese Kooperation der Partner sollte allerdings beiden zu einer sogenannten „Win-Win-Situation" verhelfen, da andernfalls die Zusammenarbeit nicht lange anhalten wird.[129]

4.7   Chancen und Risiken

Jede unternehmerische Tätigkeit ist mit Chancen und Risiken verbunden. Gerade bei Unternehmensgründungen ist dieser Punkt von besonderer Bedeutung. Der Erfolg und die Entwicklung des Unternehmens sind abhängig von der Zukunftsplanung des Unternehmers. Nur wenn dieser die Chancen nutzt, die Risiken frühzeitig erkennt und diesen entgegenwirkt, wird das Unternehmen erfolgreich am Markt tätig sein. Daher schauen Investoren beim Kapitel „Chancen und Risiken" genauer hin.[130] Sowohl der Unternehmensgründer als auch die Investoren, die ihr Geld zur Verfügung stellen, tragen die Risiken. Somit ist die Schaffung von Vertrauen durch eine wahrhaftige und vollständige Risikobetrachtung notwendig. Erfolgt keine Risikobetrachtung, ist dies für die Investoren ein Indiz dafür, dass der Unternehmer seine Unternehmensidee nicht ernsthaft durchdacht hat. Eine zu optimistische Darstellung der Risiken ist nicht angebracht. Die Chancen und Risiken sollten in einem ausgewogenen Verhältnis zu einander stehen. Bestehen mehr Risiken als

---
[126] Vgl. Schwetje, Vaseghi (2006), S. 45.
[127] Vgl. Oehlrich (2010), S. 257.
[128] Vgl. Herzberg (2010), S. 85.
[129] Vgl. Nagl (2010), S. 65.
[130] Vgl. Janson (2008), S. 32.

Chancen, muss der Unternehmensgründer die Geschäftsidee überdenken. Auch werden Investoren durch einen erhöhten Anteil an Risiken verunsichert und abgeschreckt.[131]

Im Bereich der "Chancen" ist anzugeben, wie die zukünftigen Wachstumschancen des Unternehmens aussehen. Welche besonderen Erfolge können durch welche Maßnahmen verwirklicht werden? Die zukünftig erwirtschafteten Erträge und das weitere Entwicklungspotenzial des Unternehmens müssen erkennbar werden.[132]

Nach Darstellung der Chancen müssen die Risiken der Gründung und deren Lösungs- oder auch Abwehrmöglichkeiten aufgezeigt werden. Risiken können für ein Unternehmen intern und extern bestehen. Zu den internen Risiken gehören Punkte wie:[133]

- bedeutende Mitarbeiter verlassen das Unternehmen
- die Entwicklung neuer Produkte verspätet sich
- menschliche Fehlentscheidungen
- Produktionsproblematiken durch technische Defekte
- gesuchte Know-How-Träger werden nicht gefunden

Externe, sprich im Umfeld des Unternehmens stattfindende Risiken sind:[134]

- kalkulierte Preise oder Absatzzahlen werden nicht erreicht
- die Wechselbereitschaft strategisch wichtiger Kunden
- Kreditrisiken, hervorgerufen durch Zahlungsunfähigkeit von Kunden
- Einführung neuer Gesetze durch den Staat
- durch Wettbewerber eingeführte Preiskämpfe
- unerwartete Naturkatastrophen

Eine wahrheitsgemäße Auflistung der Risiken hinterlässt einen positiven Eindruck bei Investoren. Das Aufzeigen von verschiedenen Szenarien lässt diese die Weitsichtigkeit, das Realitätsbewusstsein und das vorhandene Durchhaltevermö-

---
[131] Vgl. Cristea u. a. (2007), S. 131.
[132] Vgl. Nagl (2010), S. 68.
[133] Vgl. Herzberg (2010), S. 101.
[134] Vgl. Herzberg (2010), S. 101 f.; Nagl (2010), S. 68.

gen des Unternehmers erkennen. Bei der Darstellung empfiehlt es sich, eine Chancen- und Risikoanalyse anhand von drei Szenarien abzubilden, dem Real-, Best-, und Worst-Case-Szenario.[135]

Abbildung 6 veranschaulicht eine mögliche grafische Darstellung:

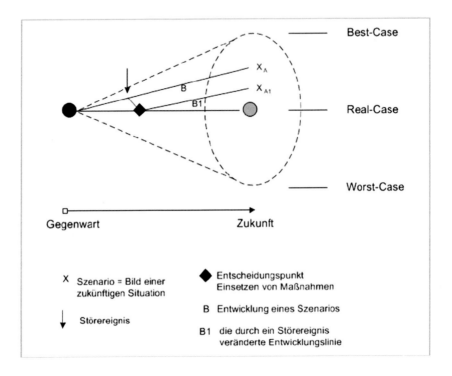

Abb. 6: Szenarien- Darstellung
Quelle: Eigene Darstellung in Anlehnung an: Nagl (2010), S. 69.

Als Real-Case-Szenario wird der ideale Verlauf bezeichnet. Diese optimale Phase wird das Unternehmen aller Wahrscheinlichkeit nach im Normalfall durchlaufen. Der wahrscheinliche Unternehmensverlauf dient nun als Basis für das Worst- und Best-Case-Szenario. Im Best-Case-Szenario werden weitere Chancen des Unternehmens genutzt. Das Unternehmen erfährt einen besseren Start und höhere Gewinne als ursprünglich geplant. Im Worst-Case-Szenario tritt der schlechteste und ungünstigste Fall ein. Das Unternehmen erreicht nicht die geplanten Gewinne

---
[135] Vgl. Arnold (2009), S. 99 f.

und die Erwartungen können nicht verwirklicht werden. In diesem Fall sind viele Risiken und Störfaktoren eingetroffen. Auch im Worst-Case gilt es, die Risiken nicht zu verharmlosen, nicht übermäßig optimistisch klingen zu lassen und der Realität nahe zu bleiben.[136] Durch die Einbringung dieses eigenen Kapitels im Businessplan bekommen die Investoren einen Überblick über die möglichen Entwicklungen des Unternehmens. Ihnen wird vermittelt, dass der Investor nicht nur momentan einen Überblick über das Unternehmen hat, sondern weitsichtig für die Zukunft mit plant.[137]

4.8 Finanzplanung – Das Zahlenwerk des Businessplans

Die Finanzplanung gehört im Businessplan zu einem der größten und bedeutendsten Punkte. Für Investoren ist es wichtig zu erkennen, wie sich die Liquidität und Rentabilität des Unternehmens entwickeln soll. Daher erfolgt die Finanzplanung für die nächsten drei bis fünf Jahre. Die erwartete Entwicklung ist anhand von Zahlen und Daten zu belegen.[138] Die Planung der Finanzen bietet nicht nur eine Übersicht für potentielle Investoren, sondern auch der Existenzgründer selbst kann mögliche Schwachstellen der Unternehmensgründung frühzeitig erkennen und diese beseitigen. In den vorherigen Kapiteln des Businessplans haben Auswertungen zur Kundenstruktur, Marketingstrategie, zum Produkt und geplanten Marktwachstum stattgefunden. Im Rahmen der Finanzplanung gilt es nun, diese in das Zahlenwerk der Planung mit einfließen zu lassen und die Investoren so von den betriebswirtschaftlichen Kenntnissen des Existenzgründers zu überzeugen. Die Komplexität und der Umfang eines Finanzplanes stehen in Abhängigkeit zum geplanten Unternehmen. Je größer das Unternehmen ist, desto detaillierter und umfangreicher wird die Finanzplanung ausfallen. Bestehen mangelnde Kenntnisse im Bereich der betriebswirtschaftlichen Darstellung von Zahlen, ist kompetente Unterstützung durch Steuerberater, Unternehmensberater oder Wirtschaftsprüfer einzuholen. Dies führt zu einer effektiven und überzeugenden Planung, und

---

[136] Vgl. Nagl (2010), S. 68 f.
[137] Vgl. Arnold (2009), S. 99.
[138] Vgl. Burger (2002), S. 66 f.

Fehlplanungen werden vermieden. Dennoch bleibt dem Unternehmensgründer eine intensive Auseinandersetzung mit dem Bereich der Finanzen nicht erspart.[139]

Die Darstellung der Finanzplanung sollte mit Excel oder anderen Tabellenkalkulationsprogrammen bearbeitet werden. Dies ermöglicht eine saubere Präsentation und vermeidet Fehler in den einzelnen Rechnungen. Sollten auch hier Mängel an Kenntnissen vorhanden sein, rentiert sich die Belegung eines Kurses, um von den Vorteilen der Programme zu profitieren.[140] Da im Bereich der Finanzplanung mit Planzahlen gearbeitet wird, die naturgemäß auf Annahmen basieren, sollten mögliche Abweichungen bedacht sein. Daher wirkt es gegenüber dem Leser des Businessplans überzeugender, wenn bei der Darstellung des Finanzplanes von den drei verschiedenen Szenarien ausgegangen wird, der Real-Case, Best-Case und Worst-Case Phase, ähnlich der im Kapitel 4.7 dargestellten Szenario-Analyse. Dies ermöglicht den Investoren zu erkennen, wie sensibel die Planzahlen auf eventuelle Veränderungen der Rahmenbedingungen, wie z. B. Einbrechen der Verkaufszahlen, Erhöhung der Rohstoffpreise oder Lohnkosten reagieren.[141]

Bei den Bestandteilen des Finanzplanes gehen die Meinungen in der Literatur weit auseinander. Hauptsächlich zählen die Liquiditätsplanung, die Rentabilitätsrechnung, die Gewinn- und Verlustrechnung sowie die Planbilanz zu den wichtigsten Komponenten der Finanzplanung. Hierauf wird im Folgenden näher eingegangen.

Weitere Teilpläne wie:[142]

- der Absatz- und Preisplan,
- der Produktionsplan,
- der Beschaffungsplan,
- der Personalplan,
- der Kostenplan und
- der Investitionsplan

---

[139] Vgl. Schwetje, Vaseghi (2006), S. 117 f.
[140] Vgl. Hofert (2007), S. 252.
[141] Vgl. Pfitzenmaier (2010), S. 88.
[142] Vgl. Pfitzenmaier (2010), S. 72.

müssen zudem erarbeitet werden. Diese fließen mit in die Hauptbestandteile ein. Die einzelnen Pläne dürfen somit nicht getrennt voneinander betrachtet werden, sondern ergeben zusammen ein Ganzes. Einzelne Veränderungen in Teilplänen bewirken zugleich Änderungen in den Hauptplänen.[143] Im Folgenden werden die einzelnen Teilpläne näher erläutert.

Teilpläne

Der Absatz- und Preisplan, auch Umsatzplan genannt, stellt mit Hilfe von Schätzungen den erwarteten Umsatz dar. An dieser Stelle wird prognostiziert, welches Produkt zu welchem Preis verkauft wird. Existieren mehrere Produkte im Sortiment, empfiehlt es sich, anhand einer Liste die prognostizierten Umsatzquoten monatlich oder quartalsweise aufzuschlüsseln.[144]

Die aus dem Absatzplan gewonnenen Ergebnisse werden unter Berücksichtigung von Produktionszeiten in den sogenannten Produktionsplan übernommen. Dieser sorgt zur Veranschaulichung des Herstellungsvorganges der Produkte.

Die wiederum aus dem Produktionsplan gewonnen Ergebnisse dienen als notwendige Informationen für den Beschaffungsplan. Im Beschaffungsplan werden die erforderlichen Roh-, Hilfs- und Betriebsstoffe, die zur Produktion der geplanten Absatzzahlen benötigt werden, aufgeführt. Hierbei empfiehlt es sich, zur Veranschaulichung Stücklisten einzuführen, aus denen ersichtlich wird, welche Menge von den einzelnen Roh-, Hilfs- oder Betriebsstoffen zur Herstellung eines einzelnen Produktes benötigt werden. Diese Listen -mit dem Produktionsplan und Absatzplan kombiniert- ergeben den idealen Beschaffungsplan.[145]

Durch den Personalplan wird eine Übersicht der anfallenden Personalkosten geschaffen. Dieser muss sowohl die Anzahl der geplanten Mitarbeiter als auch die anfallenden Löhne inkl. deren Lohnnebenkosten, wie Sozialversicherungsbeiträge und Pensionsbeiträge enthalten. Die Übersicht kann in Form einer Tabelle, sortiert nach den Funktionsbereichen der Mitarbeiter, dargestellt werden. Ist eine genaue Planung der Personalkosten aufgrund noch fehlender Verträge nicht möglich, können Durchschnittsgehälter aus vergleichbaren Marktbereichen gebildet wer-

---

[143] Vgl. Pfitzenmaier (2010), S. 72.
[144] Vgl. Hofert (2007), S. 252.
[145] Vgl. Pfitzenmaier (2010), S. 76.

den.[146] Desweiteren dürfen bei Einzelfirmen und GbR´s die Privatentnahmen, welche zum Lebensunterhalt des Unternehmensgründers bzw. der Unternehmensgründer dienen, nicht vergessen werden.[147]

Der Kostenplan stellt die monatlich anfallenden Kosten des Unternehmens dar. Die hier geplanten Kosten sind allerdings nicht durch Schätzungen zu ermitteln, sondern können anhand von Recherchen belegt werden. So sind z. B. Miete und Mietnebenkosten -wie Stromverbrauch- durch Anfragen bei Maklern und Energieanbietern planbar. Monatlich konstant bleibende Kosten werden auch als Fixkosten bezeichnet. Sie sind unabhängig von der Umsatzlage des Unternehmens. Variable Kosten hingegeben sind in Abhängigkeit der Umsatzlage des Unternehmens zu betrachten. So variieren beispielsweise die monatlichen Kosten für Roh-, Hilfs- und Betriebsstoffe je nach Verkauf der Produkte. Eine Unterteilung nach fixen und variablen Kosten ist daher sinnvoll.[148]

Im Investitionsplan werden entgegen dem Kostenplan die einmalig anfallenden Kosten der Unternehmensgründung aufgeführt. In diesem Zusammenhang dürfen keine auch noch so kleinen Investitionen vergessen werden.[149] Zu den Gründungskosten gehören z. B. Beratungskosten durch Steuer- oder Unternehmensberater, Notar- und Gerichtskosten, Kauf- oder Mietkautionskosten für Bürogebäude, Kosten für die Geschäftseinrichtung oder Renovierung sowie Investitionen für Büroeinrichtungen oder Beschaffung von Maschinen, Fahrzeugen oder Produktionsanlagen.[150]

Anhand des Investitionsplanes kann eine Kapitalbedarfsermittlung durchgeführt werden, somit die Investoren erfahren, welche finanziellen Mittel dem Unternehmen fehlen. Die Summe aus Investitionen, Gründungskosten sowie weitere Mittel für den anlaufenden Geschäftsbetrieb ergeben den Gesamtkapitalbedarf der Existenzgründung.[151] Eine mögliche Kapitalbedarfsplanungsrechnung, die seitens der

---

[146] Vgl. Schwetje, Vaseghi (2006), S. 136.
[147] Vgl. Horn, Opoczynski (2009), S. 164.
[148] Vgl. Arnold (2009), S. 87 f.
[149] Vgl. Hofert (2007), S. 254.
[150] Vgl. Horn, Opoczynski (2009), S. 165.
[151] Vgl. Plümer (2006), S. 156 ff.

Sparkasse von Existenzgründern verlangt wird, ist im Anhang dieser Bachelorarbeit beigefügt.[152]

Liquiditätsplanung

Grundsätzlich ist es für ein Unternehmen wichtig stets liquide zu sein. Liquide bedeutet, dass ein Unternehmen seine gesamten Verbindlichkeiten in Form von Rechnungen und Raten fristgerecht und in voller Höhe begleichen kann.[153] Ist dies zu irgendeiner Zeit nicht der Fall und das Unternehmen ist zahlungsunfähig, ist eine Insolvenz oftmals die Folge. Um solch eine Zahlungsunfähigkeit frühzeitig zu erkennen und zu verhindern, bedarf es der Liquiditätsplanung.[154]

Mit Hilfe der aus den Teilplänen gewonnen Daten kann der Liquiditätsplan erstellt werden. Der Liquiditätsplan zeigt auf, welche finanziellen Mittel dem Unternehmen kurz- und mittelfristig zur Verfügung stehen und anhand derer kann der Unternehmer frühzeitig erkennen, wann Geldmittel von Dritten benötigt werden.[155]

Bei der Darstellung des Liquiditätsplanes werden die monatlichen Zahlungseingänge den Zahlungsausgängen gegenübergestellt. Zu Beginn stehen die monatsanfänglichen Kassenbestände, die mit den im Laufe des Monats eingehenden Einnahmen aus Umsatzerlösen, Anzahlungen und Privateinlagen addiert werden. Hiervon abgezogen werden alle anfallenden Ausgaben wie Löhne inkl. Nebenkosten, Miete inkl. Nebenkosten, Verwaltungs-, Darlehens-, Zins-, Werbungs- und Versicherungskosten sowie anfallende Steuern und Privatentnahmen. Dies ergibt den Kassenbestand am Monatsende. Bei einem Überschuss sind die Ausgaben durch die Einnahmen gedeckt, und das Unternehmen bleibt weiterhin zahlungsfähig. Wo hingegen bei einem Fehlbetrag die Ausgaben nicht durch die Einnahmen gedeckt werden. Sodann muss das Unternehmen Maßnahmen, wie z. B. die Anfrage bei der Hausbank zur Einräumung eines Kontokorrentkredites, ergreifen, um so die Zahlungsfähigkeit weiterhin aufrecht erhalten zu können.[156] Fehlbeträge resultieren häufig aus offenstehenden Forderungen gegenüber Kunden. Daher sollten gerade Existenzgründer darauf achten, dass Rechnungen schnellstmöglich

---

[152] Anhang 1: Kapitalbedarfsplanung
[153] Vgl. Brauner, Raff, Vollmer (2007), S. 77.
[154] Vgl. Pilzecker, Wandt (2005), S. 129.
[155] Vgl. Hofert (2007), S. 254.
[156] Vgl. Lippert (2006a), S. 8 ff.

mit Unterbreitung eines Skonto-Angebotes bei zügiger Zahlung geschrieben werden, die Einräumung von langen Zahlungszielen vermieden wird und bei Fristüberschreitung direkt das Mahnwesen beginnt.[157] Aufgrund der Bedeutsamkeit der Liquiditätsplanung muss diese in den ersten zwei Jahren monatlich und für die weiteren Jahre jährlich erfolgen. Sobald das Unternehmen allerdings in Schieflage gerät, muss es zur monatlichen Aufstellung zurückkehren.[158] Im Anhang ist eine mögliche Darstellung der Liquiditätsplanung, die ebenfalls von der Sparkasse verlangt wird, beigefügt.[159]

Rentabilitätsrechnung
Bei einer Unternehmensgründung ist sowohl für den Gründer als auch für mögliche Investoren wichtig zu wissen, ob das Gründungsvorhaben wirtschaftlich tragfähig und rentabel ist. Dies kann mit Hilfe einer Rentabilitätsvorschau geprüft werden.[160] Rentabilität steht in der Betriebswirtschaft für die Verzinsung des eingesetzten Kapitals. Daher interessieren sich die Kapitalgeber dafür, ob und ab wann sie mit einem Rückfluss ihres zur Verfügung gestellten Kapitals rechnen können. Die erforderlichen Zahlen zur Erstellung einer Rentabilitätsvorschau werden aus den einzelnen Teilplänen übernommen.[161]

Eine mögliche Darstellung der Rentabilitätsvorschau kann der im Anhang 3 beigefügten Übersicht entnommen werden. Hierbei handelt es sich um eine Vorlage, die von der Sparkasse an Existenzgründern herausgegeben wird. Bei der Rentabilitätsrechnung sollte ein Zeitraum von drei Jahre erfasst werden. Von den erwirtschafteten Umsatzerlösen werden zunächst die Kosten für den Materialeinsatz abgezogen, und man erhält den sogenannten Rohertrag bzw. Rohgewinn. Hiervon abgezogen werden sämtliche Kosten, wie Personalkosten, Miete, Werbung, Fahrzeugkosten, etc. welche das Unternehmen innerhalb eines Jahres tragen muss. Hieraus ergibt sich der Gewinn vor Zinsen, Abschreibungen und Steuern. Zinsen und Abschreibungen abgezogen, ergeben den Betriebsgewinn. Zuletzt werden die Steuern abgezogen und man erhält den Jahresabschluss. Je nach geplanten Fremdkapitalgebern muss zusätzlich berücksichtigt werden, dass

---
[157] Vgl. Plümer (2006), S. 155.
[158] Vgl. Pilzecker, Wandt (2005), S. 130.
[159] Anhang 2: Liquiditätsplanung.
[160] Vgl. Stumpf (2006), S. 81.
[161] Vgl. Arnold (2009), S. 82.

oftmals erst im zweiten oder dritten Jahr die Tilgungsleistung beginnt und somit die jährlichen Belastungen ansteigen.[162]

Die Rentabilitätsvorschau hilft somit den Gründern selbst zu erkennen, ob das geplante Vorhaben sinnvoll ist und dient zur Überzeugung der Kapitalgeber von der wirtschaftlichen Tragfähigkeit des Unternehmens. Ebenso kann der Gründer die geplanten Zahlen mit den späteren Ist-Zahlen vergleichen und somit bei Abweichungen schneller reagieren. Eine realistische Kalkulation der Zahlen führt oftmals zu einer risikolosen Startphase eines Unternehmens.[163]

Plan- Gewinn- und Verlustrechnung

Die GuV ist eine zeitraumbezogene Gegenüberstellung von Erträgen und Aufwendung. Sie verdeutlicht die geschäftlichen Aktivitäten eines Jahres in Zahlen. Im Rahmen der Plan- GuV erfolgt keine Vergangenheitsaufstellung, sondern eine Planung der zukünftigen Erträge und Aufwendungen. Bei einem positiven Ergebnis der Gegenüberstellung wirtschaftet das Unternehmen gut und mit Gewinn. Bei einem negativen Saldo werden Verluste realisiert.[164] Je nach Unternehmensform bestehen zum Aufbau einer GuV Gesetzesvorschriften. Im § 275 HGB ist z. B. vorgeschrieben, dass Kapitalgesellschaften die GuV anhand einer Staffelform erstellen müssen. Kleine und mittlere GmbH´s können einzelne Posten dieser Gliederung zusammenfassen. Einzelunternehmern und Personengesellschaften steht es frei diese Gliederung zu nutzen.[165] Da keine Offenlegungsverpflichtung besteht, kann die Plan- GuV von dieser Formvorschrift in Teilen abweichen. Bei der Erstellung kann zwischen zwei Varianten der GuV gewählt werden, dem Gesamtkostenverfahren und dem Umsatzkostenverfahren. Beim Gesamtkostenverfahren werden sämtliche Kosten eines Abrechnungszeitraumes von den erwirtschafteten Umsatzerlösen abgezogen. Dabei werden die Bestandsveränderungen berücksichtigt. Beim Umsatzkostenverfahren hingegen werden nur die Vertriebs- und Produktionskosten berücksichtigt, die im direkten Zusammenhang mit den verkauften Produkten stehen.[166] Durch Betrachtung der Plan- GuV haben Investoren die Möglichkeit, die geplante Ertragslage eines Unternehmens zu erkennen. Als Basis

---

[162] Vgl. Lutz (2010), S. 157 ff.
[163] Vgl. Janson (2008), S. 39.
[164] Vgl. Schwetje, Vaseghi (2006), S. 120.
[165] Vgl. Goldstein (2010), 263.
[166] Vgl. Scherrer, (2003), 252.

für die Darstellung einer GuV dienen die zuvor beschriebenen Teilpläne, ohne die eine Prognose der Plan- GuV nicht möglich wäre.[167] Die Erstellung einer GuV erfolgt am häufigsten nach dem Gesamtkostenverfahren, daher wird diese in vereinfachter Form in Abbildung 7 aufgezeigt.[168]

Erträge	TEUR
Umsatzerlöse	
Bestandsveränderungen	
Aktivierte Eigenleistungen	
Sonstige betriebliche Erträge	
Summe Erträge	
Aufwendugen	
Material, Waren	
Personal	
Abschreibungen	
Sonstiger betrieblicher Aufwand	
Zinsen und ähnliche Aufwendungen	
Summe Aufwendungen	
Ergebnis der gewöhnlichen Geschäftstätigkeit	
Steuern vom Einkommen und Ertrag	
Jahresüberschuss / Jahrsfehlbetrag	

Abb. 7: Vereinfachte Darstellung einer GuV
Quelle: Eigene Darstellung in Anlehnung an: Kußmaul (2008), S. 569.

Planbilanz

Damit mögliche Kapitalgeber auch erkennen können, wie sich das Firmenvermögen voraussichtlich im Laufe der Jahre entwickeln wird, bietet es sich an, Planbilanzen zu erstellen.

Planbilanzen zeigen das zukünftige Vermögen, das zukünftige Kapital sowie den Planerfolg des Unternehmens. Im Gegensatz zur Bilanz ist die Planbilanz keine auf den Stichtag bezogene Darstellung eines Vergangenheitszustandes, sondern genau wie bei der Plan- GuV, eine zukünftige Ergebnisplanung. Somit werden in der Planbilanz keine Ist- Zahlen zu einem bestimmten Zeitpunkt, sondern Soll- beziehungsweise Planzahlen verwendet.[169] Es empfiehlt sich, die Gliederung der Planbilanz in Anlehnung an den im § 266 HGB gesetzlich vorgeschriebenen

---

[167] Vgl. Pilzecker, Wandt (2005), S. 132.
[168] Vgl. Pfitzenmaier (2010), S. 78.
[169] Vgl. Singler (2010), S. 93 f.

Bilanzaufbau durchzuführen. An das Gesetz gebunden ist man bei der Planbilanzerstellung nicht, sodass auch hier Ergänzungen an Teilbereichen, die zur Erläuterung dienen, vorgenommen werden können. Im Regelfall erfolgt die Erstellung jährlich.[170] Die Aktiva der Planbilanz stellen die Mittelverwendung des Unternehmens dar. Hierzu zählt das Anlage- und Umlaufvermögen. Die Passiva zeigen die Mittelherkunft auf, hierunter fallen das Eigen- und Fremdkapital sowie Rückstellungen. Durch diese Darstellung der Planbilanz haben Investoren die Möglichkeit, einen Überblick über die Vermögens- und Eigenkapitalentwicklung zu bekommen.[171] Die folgende Abbildung zeigt eine vereinfachte Darstellung der Planbilanz.

Aktiva	Bilanz zum ...	Passiva
A. Anlagevermögen		A. Eigenkapital
I. Immaterielle Vermögensgegenstände		I. Gezeichnetes Kapital
II. Sachanlagen		II. Kapitalrücklage
III. Finanzanlagen		III. Gewinnrücklage
		IV. Gewinnvortrag/Verlustvortrag
B. Umlaufvermögen		V. Jahresüberschuss/Jahresfehlbetrag
I. Vorräte		
II. Forderungen und sonst. Vermögensgegenstände		B. Rückstellungen
III. Wertpapiere		
IV. Schecks, Kassenbestände, Guthaben bei Banken		C. Verbindlichkeiten
C. Rechnungsabgrenzungsposten		D. Rechnungsabgrenzungsposten

Abb. 8: Vereinfachte Darstellung einer Planbilanz
Quelle: Eigene Darstellung in Anlehnung an: Oehlrich (2010), S. 349.

Kennzahlen

Die Darstellungen der zuvor genannten Pläne und Rechnungen geben den Investoren einen sehr ausführlichen Einblick in die zukünftige Entwicklung des Unternehmens. Um ihnen allerdings einen schnellen Überblick zu ermöglichen, bietet es sich an, Kennzahlen im Businessplan einfließen zu lassen. Im Bereich der Finanzplanung gibt es eine Vielfalt von Kennzahlen. Nachfolgend wird jedoch nur auf die für die Entscheidung der Kapitalgeber maßgeblichen Kennzahlen eingegangen.

Der Break-even-Point ist für die Investoren eine der wichtigsten Kennzahlen. Hierdurch erkennen sie wann das Unternehmen die Gewinnschwelle überschreiten wird. Dies bedeutet zu welchem Zeitpunkt die variablen und fixen Kosten durch die

---
[170] Vgl. Ludwig, Prätsch, Schikorra (2007), S. 242 f.
[171] Vgl. Kußmaul (2008), S. 570.

Umsatzerlöse gedeckt werden. Zur Errechnung des Break-even-Points dient folgende Formel:[172]

$$\text{Break even Point} = \frac{\text{Fixkosten}}{\text{Absatzpreis - variable Kosten}}$$

Eine weitere zu ermittelnde Kennzahl ist der Umsatz pro Mitarbeiter. Diese ermöglicht Vergleiche mit übrigen Unternehmen herzustellen. Hierbei gilt zu beachten, ob die anderen Unternehmen die Kosten in der Berechnung berücksichtig haben ober ob zur Ermittlung nur die folgende vereinfachte Formel angewandt wurde:[173]

$$\text{Umsatz pro Mitarbeiter} = \frac{\text{Umsatz}}{\text{Mitarbeiter}}$$

Im Bereich der Liquiditätsplanung wird häufig die Ermittlung des Cash-Flows genutzt. Der Cash-Flow dient zur Analyse der Finanz- und Ertragskraft. Je höher der Cash-Flow ist, desto positiver ist die Liquiditätslage des Unternehmens. Für Investoren ist dies ein Zeichen, dass die Bezahlung von Zins- und Tilgungsraten gewährleistet ist.[174] Die Ermittlung des Cash-Flows kann über die direkte

   Einzahlungswirksame Erträge der Periode
   - Auszahlungswirksame Aufwendungen der Periode
   ―――――――――――――――――――――――――
   = Cash-Flow der Periode

oder indirekte

   Jahresüberschuss bzw. Jahresfehlbetrag
   + Nicht-auszahlungswirksame Aufwendungen
   - Nicht-einzahlungswirksame Erträge
   ―――――――――――――――――――――――――
   = Cash-Flow der Periode

---

[172] Ahrendt, Geyer (2009), S. 188.
[173] Vgl. Bleiber (2008), S. 140 f.
[174] Vgl. Pfitzenmaier (2010), S. 87.

Berechnung erfolgen. In der Praxis wird jedoch häufig die vereinfachte Formel

$$\begin{array}{l}\text{Jahresüberschuss bzw. Jahresfehlbetrag}\\ + \text{Abschreibungen}\\ + \text{Erhöhung der Rückstellungen}\\\hline = \text{Cash-Flow}\end{array}$$

verwendet.[175]

Um aufzeigen zu können, wie hoch der prozentuale Anteil des Existenzgründers und der Fremdkapitalgeber am gesamten Unternehmenskapital ist, kann die Eigen- und Fremdkapitalquote errechnet werden. Je höher die Eigenkapitalquote ist, desto größer sind die Möglichkeiten, an Fremdkapital zu gelangen. Viele Kapitalgeber verlangen eine Eigenkapitalausstattung in Höhe von 20 Prozent. Folgende Formeln dienen zur Errechnung:[176]

$$\text{Eigenkapitalquote} = \frac{\text{Eigenkapital} * 100}{\text{Gesamtkapital} (= \text{Gesamtvermögen})}$$

$$\text{Fremdkapitalquote} = \frac{\text{Fremdkapital} * 100}{\text{Gesamtkapital} (= \text{Gesamtvermögen})}$$

Zur Analyse der Rentabilität des Unternehmens bietet sich die Ermittlung der Umsatz-, Eigenkapital- und Gesamtkapitalrentabilität an. Die Umsatzrentabilität stellt die Höhe des Gewinns an den Umsätzen des Unternehmens dar. Durch diese Kennzahl ist zu erkennen, wie hoch der Verdienst an einem Euro Umsatz ist. Die Eigenkapitalrentabilität ist für Investoren von großer Bedeutung. Sie gibt ihnen Auskunft darüber, wie hoch die Verzinsung des Eigenkapitals ist. Nur wenn die Kennzahl höher ist als die marktüblichen Zinsen, werden sie ihr Geld zur Verfügung stellen. Zur Darstellung der Leistungsfähigkeit ist die Gesamtkapitalrentabilität

---
[175] Kußmaul (2008), S. 253.
[176] Ahrendt, Geyer (2009), S. 209.

aussagekräftiger als die Eigenkapitalrentabilität. Denn sie errechnet die Verzinsung des gesamten Kapitals –sprich Eigen- und Fremdkapital- des Unternehmens. Sie zeigt dem Leser des Businessplans, wie effizient das Unternehmen mit dem zur Verfügung stehenden Gesamtkapital wirtschaftet.[177] Die Formeln zur Ermittlung der Kennzahlen lauten:[178]

$$\text{Umsatzrentabilität} = \frac{\text{Gewinn (Verlust)} * 100}{\text{Umsatz}}$$

$$\text{Eigenkapitalrentabilität} = \frac{\text{Gewinn (Verlust)} * 100}{\text{Eigenkapital}}$$

$$\text{Fremdkapitalquote} = \frac{(\text{Gewinn} + \text{Fremdkapitalzinsen}) * 100}{\text{Gesamtkapital}}$$

Die gesamten Kennzahlen geben nicht nur möglichen Kapitalgebern bedeutende Informationen, sondern auch der Unternehmensgründer selbst kann diesen seine Planzahlen überprüfen und sein Unternehmen steuern. Die Kennzahlen dürfen auch nicht einzeln betrachtet werden, sondern sind immer als Ganzes zu betrachten. Bei der Auswertung und Beurteilung sollte bei unzureichenden Kenntnissen auf kompetente Unterstützung zurückgegriffen werden. Denn Experten können ggf. zur Optimierung der Planung und Steuerung beitragen.[179]

---

[177] Vgl. Schwetje, Vaseghi (2006), S. 172 f.
[178] Weber (2006), S. 51 ff.
[179] Vgl. Pfitzenmaier (2010), S. 87.

4.9 Anhang

Zur Vervollständigung eines Businessplans gehört der Anhang, der den letzten Bestandteil bildet. Hier werden weitere, zum Verständnis benötigte, Unternehmensdaten beigefügt.[180]

Zu der wohl wichtigsten und bedeutendsten Anlage zählen die ausgearbeiteten Pläne und Dokumentationen, die zum belegen des Finanzplanes dienen. Ein logischer Zusammenhang des Finanzplanes mit den im Anhang beigefügten Unterlagen muss erkennbar sein. Es dürfen keine Paradoxen oder Diskrepanzen entstehen. Jede noch so kleine Rechnung einzelner Pläne kann erläutert und kommentiert werden.[181]

Lebensläufe des Gründers bzw. des Gründerteams, die Darstellung der Produkte anhand von Bildern, Markt- und Standortgutachen sowie bereits vorhandene Genehmigungs- oder Zulassungspapiere sind weitere Unterlagen, die dem Anhang beizufügen sind.[182] Auch können Kopien von aussagekräftigen Verträgen, wie z. B. Miet- und Gesellschaftervertragsentwürfe integriert werden. Technische Unterlagen zum Produkt, ausführliche Organigramme, Unterlagen zur Wettbewerbsanalyse sowie zum Rechtschutz sind ebenso im Anhang einzuarbeiten. Die in den einzelnen Kapiteln getroffenen Aussagen sind in Form von Nachweisen zu belegen.[183] Der Umfang des im Businessplan beizufügenden Anhanges ist nicht begrenzt, sodass der Unternehmensgründer alle seiner Meinung nach zum Verständnis und zur Unterstützung der Aussagen benötigten Unterlagen beifügen kann.[184]

---

[180] Vgl. Burger (2002), S. 67.
[181] Vgl. Lutz (2010), S.126.
[182] Vgl. Lippert (2006b), S. 73.
[183] Vgl. Klandt (2006), S. 271.
[184] Vgl. Lutz (2010), S.128.

5. Schlusswort

Eine Existenzgründung ist mit vielen Chancen, aber auch nicht wenigen Risiken verbunden. Daher ist eine solide Planung unverzichtbar. Der Businessplan sollte nicht nur als Hilfsmittel zur Existenzgründung gesehen werden, sondern als Instrument zur Überzeugung von Kapitalgebern. Ohne ein ausgearbeitetes Unternehmenskonzept in Form eines Businessplans werden weder die in dieser Arbeit aufgeführten Eigenkapitalgeber noch die ebenso erläuterten Fremdkapitalgeber finanzielle Mittel zur Verfügung stellen. Somit erfüllt der Businessplan zwei Aufgaben. Zum einen dient er dem eigenen Bedarf des Unternehmensgründers, indem dieser die Geschäftsidee anhand des Businessplans überprüfen kann. Zum anderen richtet sich der Businessplan an potenzielle Kapitalgeber, die anhand des Businessplans prüfen können, ob die in Aussicht gestellte Rendite im Zusammenhang mit dem vorhandenen Risiko für sie interessant ist und ob sie sich am Unternehmen beteiligen beziehungsweise Kapital zur Verfügung stellen wollen.

Selbst für kleinere Unternehmensgründungen, die zu Beginn scheinbar keine finanzielle Unterstützung benötigen, ist es empfehlenswert die Gründungsidee anhand eines Businessplans zu überprüfen. Auch im weiteren Unternehmensverlauf kann die Aktualisierung des Businessplans zur Überprüfung der Geschäftsprozesse dienen. Und bei einer geplanten Kapitalbeschaffung wird er zum unabdingbaren Muss. Finanzielle Engpässe, die zu Zahlungsschwierigkeiten führen, sind die häufigsten Gründe, welche zum Scheitern eines Unternehmens führen. Dies kann mit Hilfe eines gut ausgearbeiteten Businessplans frühzeitig erkannt und behoben werden.

Je nach Art und Größe des geplanten Unternehmens können der Umfang und die einzelnen Bestandteile des Businessplans unterschiedlich ausfallen. Eine gesetzliche Vorschrift zum Aufbau des Businessplans gibt es nicht, und unter Umständen nehmen einzelne Fremd- oder Eigenkapitalgeber eine differenzierte Gewichtung der einzelnen Bestandteile vor. Alle in der vorliegenden Arbeit erläuterten Elemente werden zum optimalen Aufbau eines Businessplans benötigt. Ggf. ist es sinnvoll, sich mit dem Adressaten des Businessplans im Vorfeld abzustimmen, welche Bestandteile für ihn nötig sind und worauf er größeren Wert bei den Erläuterungen legt. Bei der Erstellung sollte im Fall unzureichender Erfahrungen im Bereich der

Unternehmensgründung auf kompetente Unterstützung durch Unternehmens- oder Steuerberater zurückgegriffen werden. Dies gewährleistet, dass der Unternehmensgründer einen professionellen Businessplan für die Vorlage bei den Eigen- oder Fremdkapitalgebern erhält. Ob bei einer Existenzgründung oder auch in weiteren Lebensphasen eines Unternehmens, der Businessplan ist und bleibt ein unverzichtbares Instrument zur Kapitalbeschaffung.

Literaturverzeichnis

Ahrendt, B., Geyer, H. (2009): Crashkurs BWL, 5. Aufl. Freiburg i. Br. 2009

Armstrong, G., Kotler, P., Saunders, J., Wong, V. (2011): Grundlagen des Marketing, 5. Aufl. München 2011

Arnold, J. (2009): Existenzgründung: Businessplan & Chancen, 2. Aufl. Burgrieden 2009

Beinert, C., Henne, A., Reichling, P. (2005): Praxishandbuch Finanzierung, Wiesbaden 2005

Berndt, R., Fantapié-Altobelli, C., Sander, M. (2010): Internationales Marketing Management, 4. Aufl., Berlin, Heidelberg 2010

Bleiber, R. (2008): Existenzgründung: Geschäftsidee – Finanzierung – Verträge auf CD, 5. Aufl., Freiburg 2008

Bleiber, R. (2011): Existenzgründung: Planung, Gründung, Finanzierung – Fallen bei der Gründung und wie Sie sie vermeiden – Mit zwei neuen Kapiteln zu Buchführung und Internet, 2. Aufl., Freiburg 2011

Brauner, D. J., Raff, R., Vollmer, H.-J. (2007): Existenzgründung – darauf sollten Sie achten! – Basiswissen & Checklisten, Sternenfels 2007

Burger, C. (2002): Der Business-Plan in der Praxis: Beurteilen aus Investorensicht - Anwenden aus Unternehmersicht, Stuttgart 2002

Carstensen, S. (2004): Existenzgründung: So sichern Sie nachhaltig die Wirtschaftlichkeit Ihres Unternehmens – Praktischer Leitfaden mit vielen Fallbeispielen, Wiesbaden 2004

Cristea, A., Heucher, M., Ilar, M., Kubr, T., Marchesi, H., Müller, K., Waldner, M., Zsenei, A. (2007): Planen, gründen, wachsen – Mit dem professionellen Businessplan zum Erfolg, 4. Aufl., Heidelberg 2007

Figgener, S., Grunow, H.-W. G. (2006): Handbuch: Moderne Unternehmensfinanzierung – Strategien zur Kapitalbeschaffung und Bilanzoptimierung, Berlin, Heidelberg 2006

Goldstein, E. (2010): Jahresabschluss leicht gemacht: So erstellen Sie Ihre Bilanz selbst, 7. Aufl., München 2010

Herzberg, U. (2010): Mein Businessplan, 6. Aufl., Freiburg 2010

Hofert, S. (2007): Praxisbuch Existenzgründung: Erfolgreich selbständig werden und bleiben, Frankfurt am Main 2007

Horn, S., Opoczynski, M. (2009): ZDF WISO: Existenzgründung, 2. Aufl. Frankfurt am Main 2009

Huber, R. (2003): Förderprogramme, in: Dowling, M., Drumm, H.-J. (Hrsg.), Gründungsmanagement: Vom erfolgreichen Unternehmensstart zu dauerhaftem Wachstum, 2. Aufl., Berlin, Heidelberg 2003, S. 135 - 146

Janson, S. (2008): 8 Schritte zur erfolgreichen Existenzgründung: Der Grundstein für Ihr neues Unternehmen – Planung, Anmeldung, Finanzierung – Mit Beispiel-Formularen, Anträgen, Checklisten und Tipps, München 2008

Jantz, W. (2003): Venture Capital, Förderprogramme und Business Angels, in: Dowling, M., Drumm, H.-J. (Hrsg.), Gründungsmanagement: Vom erfolgreichen Unternehmensstart zu dauerhaftem Wachstum, 2. Aufl., Berlin, Heidelberg 2003, S. 117 - 134

Klandt, H. (2006): Gründungsmanagement: Der integrierte Unternehmensplan – Der Businessplan als zentrales Instrument für die Gründungsplanung, 2. Aufl. München, Wien 2006

Kreutzer, R. T. (2010): Praxisorientiertes Marketing: Grundlagen – Instrumente - Fallbeispiele, 3. Aufl., Wiesbaden 2010

Kruth, B.-J., Meinert, A., Pruss, R., Rams, A., Sänger, R., Schlürscheid, J. (2002): Der Geschäftsplan: Businessplan und Unternehmensplanung professionell erstellen – Neue Finanzierungsstrategien für den Mittelstand – Viele Beispiele aus der Beraterpraxis von PwC, Bonn 2002

Kußmaul, H. (2008): Betriebswirtschaftlehre für Existenzgründer: Grundlagen mit Fallbeispielen und Fragen der Existenzgründungspraxis, 6. Aufl., München 2008

Lippert, W. (2006a): Praxis der Existenzgründung – Die Finanzen im Griff: Erfolgreiche Finanzplanung und –kontrolle, Göttingen 2006

Lippert, W. (2006b): Praxis der Existenzgründung – Erfolgsfaktoren für den Start: Von der Geschäftsidee zur beruflichen Selbstständigkeit, Göttingen 2006

Ludwig, E., Prätsch, J., Schikorra, U. (2007): Finanzmanagement, 3. Aufl. Berlin, Heidelberg 2007

Lutz, A. (2010): Businessplan: Für Gründungszuschuss-, Einstiegsgeld- und andere Existenzgründer, 4. Aufl., Wien 2010

Nagl, A. (2010): Der Businessplan: Geschäftspläne professionell erstellen - Mit Checklisten und Fallbeispielen, 5. Aufl., Wiesbaden 2010

Oehlrich, M. (2010): Betriebswirtschaftslehre: Eine Einführung am Businessplan-Prozess, 2. Aufl., München 2010

Peterson, S., Tiffany, P. (2009): Businessplan für Dummies: Damit alles nach Plan läuft, 4. Aufl., Weinheim 2009

Pfitzenmaier, P. (2010): Finanzplanung, in: Nagl, A. (Hrsg.), Der Businessplan: Geschäftspläne proffesionell erstellen – Mit Checklisten und Fallbeispielen, 5. Aufl., Wiesbaden 2010, S. 71 - 88

Pilzecker, D., Wandt, M. D. G., (2005): Erfolgreiche Unternehmensfinanzierung: So entwickeln Sie einen professionellen Geschäftsplan, Augsburg 2005

Plümer, T. (2006): Existenzgründung Schritt für Schritt: Mit 3 ausführlichen Businessplänen, Wiesbaden 2006

Scherrer, G. (2003): Internes Rechnungswesen bei jungen Unternehmen, in: Dowling, M., Drumm, H.-J. (Hrsg.), Gründungsmanagement: Vom erfolgreichen Unternehmensstart zu dauerhaftem Wachstum, 2. Aufl., Berlin, Heidelberg 2003, S. 247 – 260

Schmude, J. (2003): Standortwahl und Netzwerke von Unternehmensgründern, in: Dowling, M., Drumm, H.-J. (Hrsg.), Gründungsmanagement: Vom erfolgreichen Unternehmensstart zu dauerhaftem Wachstum, 2. Aufl., Berlin, Heidelberg 2003, S. 291 - 304

Schwetje, G., Vaseghi, S. (2006): Der Businessplan: Wie Sie Kapitalgeber überzeugen, 2. Aufl., Berlin, Heidelberg 2006

Singler, A. (2010): Businessplan, 3. Aufl., Freiburg 2010

Stumpf, H. (2006): Der effiziente Businessplan: Von Anfang an richtig planen - Marktchancen richtig einschätzen - Unternehmensziele setzen, Heidelberg 2006

Stutely, R. (2007): Der professionelle Businessplan: Ein Praxisleitfaden für Manager und Unternehmensgründer, 2. Aufl. München 2007

Weber, M. (2006): Schnelleinstieg Kennzahlen: Schritt für Schritt zu den wichtigsten Kennzahlen, München 2006

Internetquellen:

Egeln, J., Falk, U., Heger, D., Höwer, D., Metzger, G. (2010): Ursachen für das Scheitern junger Unternehmen in den ersten fünf Jahren ihres Bestehens – Studie im Auftrag des Bundesministeriums für Wirtschaft und Technologie. URL: http://www.bmwi.de/BMWi/Redaktion/PDF/Publikationen/Studien/ursachen-fuer-das-scheitern-junger-unternehmen,property=pdf,bereich=bmwi,sprache=de,rwb=true.pdf (Zugriff am 30.08.2011)

KfW-Bankengruppe (2011a): KfW-Gründerkredit – StartGeld. URL: http://www.kfw.de/kfw/de/Inlandsfoerderung/Programmuebersicht/KfW-Gruenderkredit-StartGeld/index.jsp (Zugriff am 31.08.2011)

KfW-Bankengruppe (2011b): ERP-Kapital für Gründung. URL: http://www.kfw.de/kfw/de/Inlandsfoerderung/Programmuebersicht/ERP-Kapital_fuer_Gruendung/index.jsp (Zugriff am 31.08.2011)

Kohn, K., Ullrich, K., Spengler, H. (2010): KfW Gründungsmonitor 2010: Lebhafte Gründungsaktivität in der Krise – Jährliche Ananlyse von Struktur und Dynamik des Gründungsgeschehens in Deutschland. URL: http://www.kfw.de/kfw/de/I/II/Download_Center/Fachthemen/Research/PDF-Dokumente_Gruendungsmonitor/Gruendungsmonitor_2010_Langfassung.pdf (Zugriff am 23.07.2011)

Statistisches Bundesamt Deutschland (2011): Gewerbeanzeigen in den Ländern – Arbeitsunterlage 2010. URL: http://www.destatis.de/jetspeed/portal/cms/Sites/destatis/Internet/DE/Content/Publikationen/Fachveroeffentlichungen/UnternehmenGewerbeInsolvenzen/Gewerbeanzeigen/Gewerbeanzeigen2020500101125.psml (Zugriff am 16.07.2011)

Statistisches Bundesamt Deutschland (2010): Gewerbeanzeigen in den Ländern – Arbeitsunterlage 2009. URL: http://www.destatis.de/jetspeed/portal/cms/Sites/destatis/Internet/DE/Content/Publikationen/Fachveroeffentlichungen/UnternehmenGewerbeInsolvenzen/Gewerbeanzeigen/GewerbeanzeigenLaender5523101097004.psml (Zugriff am 16.07.2011)

Statistisches Bundesamt Deutschland (2009): Gewerbeanzeigen in den Ländern – Arbeitsunterlage 2008. URL: http://www.destatis.de/jetspeed/portal/cms/Sites/destatis/Internet/DE/Content/Publikationen/Fachveroeffentlichungen/UnternehmenGewerbeInsolvenzen/Gewerbeanzeigen/GewerbeanzeigenLaender5523101087004.psml (Zugriff am 16.07.2011)

Anhang

Anhang 1: Kapitalbedarfsplanung

Sparkasse   Existenzgründung

Kapitalbedarfsplanung

Name, Vorname	
Erstellt am	

Bezeichnung	ohne MwSt.
Investitionen	
Grunderwerb	
Bau-/Renovierungskosten	
Kaufpreis/Übernahmepreis	
Maschinen/Technische Anlagen	
Geschäfts- und Ladeneinrichtung	
Fahrzeuge	
Warenlager (Erstaustattung)	
Betriebs- und Geschäftsausstattung	
Sonstiges	
Summe Investitionen	0,00

Bezeichnung	ohne MwSt.
Gründungskosten	
Notarkosten	
Beratungskosten (Rechtsanwalt)	
Genehmigungen (Behörden)	
Sonstiges	
Summe Gründungskosten	0,00

Bezeichnung	ohne MwSt.
Anlaufkosten (Kosten vor Aufnahme des Geschäftsbetriebs)	
Personalkosten	
Raumkosten	
Kfz-Kosten	
Versicherungen	
Strom/Gas/Wasser	
Allgemeine Verwaltungskosten	
Werbungskosten/Reisekosten	
Sonstiges	
Summe Anlaufkosten	0,00

Gesamtkapitalbedarf	0,00

Kaution/Bürgschaften	
Eingesetztes Eigenkapital	

Anhang 2: Liquiditätsplanung

Sparkasse   Existenzgründung

Liquiditätsplanung

Name, Vorname	

Bezeichnung	1. Monat	2. Monat	3. Monat
I. Liquide Mittel			
Kassenbestand Monatsanfang		0,00	0,00
Kontostand Monatsanfang		0,00	0,00
Summe	0,00	0,00	0,00
II. Einnahmen			
Umsatzerlöse			
Erhaltene Anzahlungen			
Sonstige Einnahmen			
Privateinlagen			
Summe	0,00	0,00	0,00
Verfügbare Mittel (I.+ II.)	0,00	0,00	0,00
Gehälter /Löhne			
Sozialabgaben			
Waren/ Material			
Miete/Pacht			
Verwaltung			
Vertrieb			
Marketing/Werbung			
Betriebliche Steuern			
Versicherungen			
Sonstige Ausgaben			
Zinsen			
Darlehenstilgungen			
Investitionen			
Privatentnahmen			
Private Steuern			
Gesamtausgaben	0,00	0,00	0,00

Kassenbestand Monatsanfang	0,00	0,00	0,00
Kontostand Monatsanfang	0,00	0,00	0,00
+ Einnahmen	0,00	0,00	0,00
– Ausgaben	0,00	0,00	0,00
– Kassenbestand Monatsende			
= Kontostand Monatsende	0,00	0,00	0,00

Anhang 3: Rentabilitätsvorschau

Sparkasse

Existenzgründung

Rentabilitätsvorschau

Name, Vorname	
Erstellt am	
Erstellt von	
geplanter Beginn der Geschäftstätigkeit	

Bezeichnung	1. Jahr	2. Jahr	3. Jahr
Umsatzerlöse			
./. Materialeinsatz			
=Rohertrag/Rohgewinn	0,00	0,00	0,00
./. Personalkosten inkl. Lohnnebenkosten			
./. Geschäftsführerbezüge (bei GmbH)			
./. Miete /Pacht			
./. Heizung /Strom/Wasser			
./. Werbung			
./. Fahrzeugkosten			
./. Leasingaufwendungen			
./. Betriebliche Versicherungen			
./. Telefon			
./. Büromaterial /Verpackung			
./. Reparaturen/Instandhaltung			
./. Rechtsberatungskosten			
./. Beiträge an Innungen, Kammern u. ä.			
./. Steuerberatungskosten			
./. sonstige Kosten			
= Gewinn vor Zinsen, Afa und Steuern	0,00	0,00	0,00
./. Zinsen			
./. Abschreibungen			
Betriebsgewinn	0,00	0,00	0,00
./. Steuern			
Jahresabschluss	0,00	0,00	0,00
./. Entnahmen (bei Personengesellschaften)			